明朝故事

一口气读懂中国史

将进酒·黄 著

人民东方出版传媒
東方出版社

明朝大事记

公元 1368 年　朱元璋建明朝

公元 1398 年　建文帝即位

公元 1402 年　成祖即位

公元 1405 年　郑和第一次下西洋

公元 1421 年　明成祖迁都北京

公元 1424 年　仁宗即位

公元 1425 年　宣宗即位

公元 1435 年　英宗即位

公元 1449 年　土木堡之变

公元 1450 年　代宗即位

公元 1457 年　英宗即位

公元 1464 年　宪宗即位

公元 1487 年　孝宗即位

公元 1505 年　武宗即位

公元 1519 年　宁王叛乱被平定

公元 1521 年　世宗即位

公元 1567 年　穆宗即位

公元 1572 年　神宗即位

公元 1581 年　张居正改革

公元 1620 年　光宗即位、熹宗即位

公元 1627 年　思宗即位

公元 1628 年　全国农民起义风起云涌

公元 1644 年　明朝灭亡

目录

第二章　短暂的光荣

第三章　嘉靖王朝

第四章　断头政治

第五章　最糟糕的黄昏

引 子

在中国历史上，明朝是一个王朝性格特别鲜明的朝代，一个和尚开创了这段历史，权臣、太监、军事将领、农民起义领袖……这些熟悉的面孔在明朝也一一露面；它也是离我们最近的一个汉人建立的封建王朝。明朝对中国国家命运的影响，对中华民族性格的影响，都是之前任何一个朝代所不能比拟的。

明朝的政权从蒙古人建立的元朝而来，元朝最后一任皇帝元顺帝不喜国事，只喜欢吃喝玩乐，早已颓废的元朝很快就变得混乱无序。全国各地的汉人抓住机会，纷纷把自己投进浩瀚的反抗元朝的战争中去。在五花八门的冒险者中，穷苦和尚出身的朱元璋脱颖而出，于公元 1368 年建立明朝。

明朝是汉人政权的一次复兴，然而这次复兴从一开始就注定了是回光返照。终明一朝，天下始终沉浸在血泊和战火之中。明朝很少有光明文字，几乎全是地狱篇章。皇帝们要么铁血治国，要么不务正业。边疆问题自始至终困扰明朝。明王朝气喘吁吁地支撑了二百多年，1644 年，意料之中，先被农民武装灭掉，然后又被新兴的清王朝替代。

第一章　两位铁血皇帝

小和尚造反

一般来说，有能力改朝换代的人，不是名门世家，也得是当朝大将，可是蒙古人建立的大元朝，愣是叫一个贫农出身的小和尚给推翻了，这个超级给力的小和尚，就是朱元璋。

朱元璋，一个在家里排行第八的苦命孩子，老爸给他的命名是朱重八。

在朱重八的记忆里，印象最深的，似乎只有饥饿。他从生下来就没吃饱过奶水，长牙就没吃饱过饭，他最大的梦想，就是守着一大堆美食把肚子撑圆。

朱重八的第一份工作是“牛仔”——给地主家放牛。有一天他饿晕了头，看着悠闲吃草的黄牛，就像一大块喷香的牛排在向他招手，他就想：“我为什么不能吃这块大牛排呢？”诱惑是魔鬼，有些想法一旦产生，就难以控制，最后，朱重八终于禁不住牛肉的诱惑，和几个小伙伴一起把牛杀死，在野外架起火，吃上烤牛肉了。

庙堂真相

朱元璋的出生传说

1328 年 10 月 21 日（农历九月十八日），朱元璋降生在安徽凤阳的一个农民家庭里。四十年后，他成为元朝的终结者。据说朱元璋的老娘有一次大白天睡觉，一位道士进入她梦中，给了她一粒药丸，朱元璋的老娘吃后，就怀上了朱元璋。中国历史上有很多名人的出生都充满传奇，跟老爹或者跟爸妈都没有关系。

可是杀了黄牛，如何向地主交代呢？朱重八想了一个主意，他把牛尾巴塞在山石缝里，告诉地主说："黄牛钻进山里了，我们扯着尾巴拽它，它就是不肯出来。"

可惜老地主一点戏剧细胞也没有，完全不相信这个说法，他把朱重八暴揍了一顿，并且取消了他放牛的资格。

朱重八十六岁这年，家乡发生旱灾，蝗虫泛滥，庄稼绝收，老百姓成批成批地饿死，瘟疫也开始蔓延。朱重八的家庭也未能幸免，他的父母和两个哥哥相继死去，不算出嫁的姐姐，家里只剩下他和二哥。

朱重八来不及悲伤，他此刻只想把家人安葬，让他们入土为安，但是他们家穷得连买块墓地的首付款也没有，他只好去求那个老地主。可是地主不是慈善家，免费墓地他是不会提供的，到头来，还向朱重八讨要那头牛的旧账。幸亏邻居刘继祖心地善良，主动让朱重八把家人埋葬在他家的地里。

兄弟俩埋葬了亲人，就得想下一步的活路，哥哥决定远走他乡讨饭为生，而朱重八则进了附近的皇觉寺去当和尚。

朱重八进了皇觉寺，虽然有些好吃懒做的和尚把很多活都推

野史秘闻

真命天子在濠州

明朝人笔记《五杂俎》记载说，元至正年间，北京（大都）有个姓范的医生，一天，他的诊所来了两个女人看病。范医生像往常一样为病人号脉，一号之下，大吃一惊，说你们不是人，到底是什么妖怪？女人回答说，我们是西山的狐狸精。医生问，这是天子之都，你们怎么进得来？女人回答：真命天子在濠州，神仙们都去那里守护了，所以我们能进来。不久朱元璋起兵濠州，范医生知道天下要乱，于是赶紧逃走。

给他干，但总算有口饭吃。可惜好景不长，还不到两个月，寺里的方丈就把全体和尚集合起来，对他们说："现在寺中的粮食也吃光了，大家都出去四处云游，化缘求生吧。"

于是朱重八也分到了一只化缘的钵子，出发了。他漫无目的，四处流浪，看哪家烟囱冒烟就奔哪家化斋饭，到了晚上找个荒废的古庙去过夜。就这样云游了三年之后，朱重八又回到皇觉寺，因为这里似乎还有点家的念想。

公元1353年，朱重八二十五岁。有一天，他忽然收到昔日伙伴汤和的一封信，汤和在信中说：兄弟我现在濠州（安徽省凤阳县），投奔了郭子兴领导的红巾军，已经做了军官，快混上中产了，红巾军是反抗元朝暴政的队伍，老兄你也快来参加吧，咱哥俩一起干事业、一起奔中产。

朱重八看了信，赶紧悄悄地烧掉，他有点拿不定主意，反抗暴政其实就是造反，被政府抓到了要杀头的。可是就在他犹豫不决的时候，一位师兄偷偷告诉他，有人举报他私通红巾军，官兵很快就会来抓人了。

仅仅是收到一封信，就已经有了杀头的危险，现在反与不反

社会风情

凤阳的和尚

朱元璋做过和尚，凤阳又是老家，所以明朝建立后，太祖对凤阳的和尚有很多优惠政策：凤阳府的寺僧可以喝酒，可以吃肉，还可以娶妻生子，一般老百姓要承担的差役赋税，也都跟他们无关。并且，僧人的妻子还有一个专有名词，叫"梵嫂"。

都是一样的，朱重八一咬牙，一跺脚，反吧！拿上讨饭的钵子，他连夜就逃往濠州。

这时的濠州城，已被元军围困很久，朱重八走小路悄悄进了城，不料，却被守城的军士当作奸细抓住。

军士向郭子兴报告说："抓到一个奸细，请大帅下令砍头！"

郭子兴听了，问这个军士："你怎么知道他是奸细呢？"

军士说："咱们被元军围困这么久，只有往外逃的，少有往里进的，他却自称是来投军的，我看就是奸细！"

郭子兴也好久没见有人来投军了，就想看看这个人到底是不是奸细，于是命令军士把他押进来。

军士把朱重八押进来，郭子兴就厉声问道："你这个奸细，混进城想干什么？"

朱重八说："我不是奸细，我是来投军的。"

"胡说！"郭子兴吼道，"濠州城被元军围困，城里的人想逃还来不及，哪有人在这时候投军啊！给我拉下去砍了！"

郭子兴想，这个人肯定会马上下跪求饶。但朱重八却微微笑了笑。郭子兴就问："你有什么话说吗？"朱重八这才说："是

社会风情

凤阳花鼓

"说凤阳，道凤阳，凤阳本是好地方。自从来了朱皇帝，十年倒有九年荒。"这是凤阳花鼓的开场白。关于凤阳花鼓的成因，有人说，凤阳人有外出讨饭的习俗。也有人说，明初朱元璋从江南迁徙了十多万户到凤阳，这些人想回老家，就一路卖艺乞讨回去。真实的情况可能是，凤阳多自然灾害，老百姓纷纷外出乞讨，并培养出明朝为数众多的街头卖艺一族。

汤和让我来的。”“噢，是这样。”郭子兴看朱重八不乏沉着冷静，又是汤和推荐的，就让他在自己身边当个卫士，朱重八正式加入了造反派的行列。

在反元抗争的过程中，朱重八表现出高超的领导才能，他作战勇猛，并且很有谋略。在汤和的帮助下，他也逐渐得到提升，当了军官。他缴获的战利品从不私藏，全都献给元帅郭子兴，而元帅奖赏他的物品，他全都分给手下的士兵，朱重八逐渐树立了自己的威信。

就在这一年，朱重八给自己改名叫“朱元璋”，元指的是元朝，而璋是一种尖形的玉佩，因为他姓朱，与“诛”谐音，他希望自己化身为诛灭元朝的锐器，事实证明，他真的做到了。

向历史借智慧

理想会随时势而变

小时的理想像是一张床，很快就放不下你的身躯。朱元璋在偷吃牛肉时的理想，不过是老子以后一定要有一百头牛，可以光明正大地吃；当他做和尚吃冷粥时的理想，也不过是洒家以后一定要做方丈，喝热乎乎的皮蛋瘦肉粥，吃白面馍馍。可当他参加了反政府武装后，理想又升华了。“理想”这两个字最唬人，事实上，任何人都不能撇开时势去谈理想，而时势造英雄正是千古不易之理。所以，不必担心某一时段没有理想，时势会推着你跑在理想前面。

朱元璋称帝

公元1356年，朱元璋的雪球已经滚到十万人的规模，他还占据了一个战略要地——六朝古都集庆（南京），朱元璋把集庆改称应天，应承天意的意思。

大元集团已经快破产了，连挑衅斗殴的力气都没有。造反集团却有很多，摆在他们眼前的路子，不是你吞掉我，就是我吞掉你，阶级内战火热爆发了。

1363年，朱元璋与他的头号敌人——陈友谅，在鄱阳湖水面打响了决战。陈友谅这小子，没学好兵法，也没学好历史，连火烧赤壁这样的经典案例都不晓得。为了炫耀自己强大的水军实力，陈友谅把高大威猛的战舰用铁链连接起来，在鄱阳湖上绵延几十里，骑兵在战船之间撒欢跑马，如履平地。陈友谅非常自豪，看咱这航空母舰！就凭你朱元璋的破渔船，也敢跟咱斗！相比之下，朱元璋的小船确实很寒酸，好几次被陈友谅打得人仰船翻，还差点当了俘虏。

庙堂真相

高筑墙、广积粮、缓称王

朱元璋打天下的过程中，谋士给他定下了一个非常出色的战略，那就是“高筑墙、广积粮、缓称王”。高筑墙就是埋头练兵，力量不够强大时少掺和打架斗殴；广积粮就是多多地准备粮草，手中有粮、心里不慌；缓称王就是别整那些虚的皇呀王呀的名号，免得目标太大、树敌太多。正是这一战略，使朱元璋迅速壮大起来，最终赢得了元末争霸的冠军。

常言说，天有不测风云，正当陈友谅得意的时候，风向突然转变了，陈友谅由顺风变成逆风。朱元璋抓住这个机遇，派出七艘满载火药和茅草的小船，七名水性好又机灵的水手扯圆了帆，向陈友谅的航空母舰奔去，就要靠近的一刹那，水手们点燃了小船，飞身跳进水中。火借风势，烈焰熊熊地向陈家军扑过去，木制的航空母舰很快就成了一片火海，一千年前的赤壁之战重新上演。陈友谅的手下哭爹喊娘，烧死淹死的不计其数。

陈友谅这会儿只有抱着脑袋赶紧逃命，他还想喊一个“既生谅，何生璋”的口号，但是一切都来不及了，他在突围的途中，被一支没长眼睛的流箭要了命。

收拾掉陈友谅，其他的小对手降的降，死的死，很快都摆平了。一个壕沟里的内斗结束，就剩壕沟外的大元了。

朱元璋为了麻痹大元皇帝，曾经表过态——咱只想当个土财主，绝没有跟政府作对的意思。元朝的皇帝和官员，退化得连兵器都懒得拿，他们也宁愿相信，朱元璋在自己的战壕里“窝里斗”，是为大元的江山除害。

抱着这种想法，元顺帝派人来给朱元璋送官帽，小兄弟，这

社会风情

“奉天承运”由来

很多关于古代的电视剧中，大都圣旨开篇第一句就是“奉天承运”四字。此四字即是朱元璋创造出来的。元时诏书的开头是这样四个字：“上天眷命”，朱元璋觉得此未尽谦卑奉顺之意，所以把它改成了“奉天承运”，意思是说，君主的言行都是奉天而行，非敢自专也。

些年辛苦啦！这顶帽子收下吧。元顺帝满以为朱元璋会欢天喜地接受封赏，但朱元璋把官帽扔出老远，他觉得那个使者是个人才，就把使者扣下了。

元顺帝还不死心，依然天真地幻想着，用金银财宝来安抚这个讨过饭、当过和尚的暴发户。朱元璋说，财宝可以要，官是真不要。

元至正二十七年（1367 年）四月，朱元璋派出二十五万精兵强将，北上伐元。在出征前，朱元璋慷慨激昂地发表了演讲："改天换地的时候到啦！咱们汉人就要翻身做主啦！该报我们的血海深仇啦！"

朱家军出征后，前方捷报频传，朱元璋渐渐看到皇位在向他招手了，不过，他又想起了一个人——曾经册封朱元璋做吴王的民团领袖韩林儿。

这个韩林儿曾经被人拥立为"大宋皇帝"，当作与大元集团斗争的棋子。元朝即将灭亡，朱元璋的时代到来了，韩林儿如果识相的话，趁早发表个声明，扔掉那个有名无实的头衔，或许还可以消消停停地在家养养花，种种地，过点小康生活，但他却不识时务，直到现在，还在某一个角落里，极其淡定地以首领自居。

社会风情

什么是"讲张"

吴地有"讲张"一说。"张"就是张士诚，苏州一带老百姓对张士诚很有好感，张士诚失败、明朝建立之后，苏州百姓依然怀念张士诚，饭后茶余闲聊时，总说起当年张大王如何如何好。朱元璋听说后非常生气，不仅加重了江苏一带百姓的赋税负担，还严禁老百姓再讲张士诚的故事，违者就要坐牢。"讲张"一语就是"讲张士诚故事"的省略。

朱元璋可淡定不了，他怎么能容忍还有一个人比他地位高呢？他派一个水霸出身的手下去办这件事。

这手下去见韩林儿，假惺惺地说，俺大哥非常想念您，特意派我接您到应天过好日子。韩林儿不知是福是祸，但他除了任人摆布也想不出别的对策，打起包袱就出发了。他们乘船到半路，船底突然漏了一个洞，咕咚咕咚地开始进水，再四下一看，不见一个人影，韩林儿淡定地葬身水底，对宋朝的怀念到此结束。

1368 年年初，朱元璋在应天登基称帝，宣布大明朝的诞生，讨过饭的小和尚终于从金字塔底部爬上了塔尖。同年八月，朱家军攻克大都，不可一世的大元帝国灭亡了。

向历史借智慧

学好历史很重要

古人云——以铜为镜，可以正衣冠；以人为镜，可以明是非；以史为镜，可以知成败。如果学好了历史，就不会有那么多悲剧重演；如果懂得尧舜禹传承的真理，就不会被人赶着下台，更不至于下河了。

丞相胡惟庸

公元1373年，胡惟庸爬上丞相的位子，开始了一人之下、万人之上的尊贵生活。打这天起，他就开始贪污受贿，排除异己，任人唯亲，卖弄权势，官员们写给皇帝的折子他也敢截留，简直把朱元璋当成了傀儡。

以防万一，胡惟庸决定在自己这根绳上多拴几只蚂蚱，开始四处拉人下水。那些没什么原则的官员，经不住金银和官爵的诱惑，稀里糊涂就与他结为同党。为了稳妥起见，胡惟庸又瞄上了自己的恩师、元勋李善长。

胡惟庸是李善长提拔的，按说两人关系应该不错，但是自从胡同学爬上丞相位子，干了那些鸡鸣狗盗的事后，李善长心里就后悔了，为了不受牵连，就渐渐疏远了胡同学。

李善长手里有两张朱元璋御赐的免死铁券，这东西虽然不会用在他姓胡的身上，但总还算是强大的盾牌吧，何况李善长的儿子还是朱元璋的女婿，于是他拼命拉拢李善长。

社会风情

左右尊卑

元以来，都是以右为尊，朱元璋初即吴王位时，以李善长为右相国，徐达为左相国，李在徐之上。三年后，朱元璋把这个规矩改了过来，以左为尊，并改李善长为左相国，徐达为右相国。对于左右尊卑，古代也有一种说法：立者尊右，坐者尊左。就是说站着的时候，要让长者、地位高的人在右边，到坐下来的时候，则要反过来。

李善长知道，胡惟庸这小子，有好事不见得想起他，要拉他一起走，肯定是条死路，所以任凭胡惟庸说得天花乱坠也不搭理他。然而他的家人并不都那么明智，他的弟弟李存义就被胡惟庸给套住了，这样李善长又怎能脱了干系？

连李善长这样的元老都搞定了，皇帝真的成了孤家寡人，胡惟庸还怕啥？这回他高枕无忧了。可是胡惟庸乐呵没几天，就遭到了报应。他的儿子在外游玩，从马上掉下来，偏赶上一辆马车经过，来不及刹闸，就给轧死了。胡惟庸知道了，也没报告官府，自己就把车夫杀死了。

朱元璋听说后，就把胡惟庸找来说，那个车夫的事，我希望你解释一下。胡惟庸满肚子冤屈，咱堂堂当朝丞相，生个儿子那是金堆玉砌的，竟然死在一个命比纸薄的马车夫手里，简直是天大的冤枉！

胡惟庸一顿哭天抢地，他料想凭这一番表演，朱元璋不仅会给予安慰，而且还应该给点丧葬补偿啥的，可是他表演了半天，既没有掌声也没有喝彩，他抬头看看朱元璋，啥反应也没有。胡惟庸很尴尬，只见朱元璋面无表情地对他说："杀人偿命。"转

野史秘闻

料事如神刘伯温

在老百姓心目中，刘基（字伯温）是诸葛孔明一类的人物，前算三百年、后算三百年。传说他曾经夜观天象，说"天子气在吴头楚尾，我要去辅佐他"，当时称王江苏一带的是张士诚，但他见了张士诚，却说这人"贵不过封侯，不能长久"；等到在郭子兴手下见到朱元璋，他才说："这就是我要找的主人家呀。"

身就走了。

胡惟庸提心吊胆地龟缩了几天，可朱元璋并没有对他采取什么措施，他就想，皇帝一定是闹着玩的。

1379 年，越南占城国的使者来向大明进贡，胡惟庸竟然没有向朱元璋汇报，但是朱元璋养的大批特工可不是吃素的，他不汇报有人汇报。

老话说得好，老虎不发威，你拿我当病猫哪？朱元璋正式开始发威了！跟这事沾边的官员全被抓到监狱里。

有个与胡惟庸结党名叫涂节的，本是一条忠实走狗，但是面对当前的突变形势，他马上改变风向，偷偷给皇帝写了封信，说刘伯温的死，是胡惟庸指使御医毒害的，另外胡惟庸还有谋反的嫌疑。

胡惟庸现在才明白，皇帝要杀人其实是不需要太多理由的，只是需要时机而已。但是胡惟庸怎么甘心让涂节这条狗独自逍遥呢？

毒死刘伯温，本是朱元璋的授意，说出真相只能让他死得更难看，他现在只能拿涂节出气，他就一口咬定，涂节也参与了那个没有影的谋反。

社会风情

廷杖

廷杖，始于元代，朱元璋把它发扬光大。行刑时，由侍卫和太监将大臣绑赴午门外，宦官高坐中央监刑，其他政府官员则陪坐两旁，左边站小宦官三十人，右边站锦衣卫三十人，庭下站行刑狱吏百余人，都穿短裤，手执木棍。受刑者身体被绑住，只露出臀部和腿部。先打三下，作为开场。然后，分别“着实打”和“用心打”。受刑者往往不死即残。

朱元璋无所谓，咬出来越多越好，宁可错杀千万，决不放过一个。

于是涂节和胡惟庸，还有那些沾边搭线的一起都被杀了，胡惟庸还被灭了三族。

杀了这批人，只是外交事件的结束，而谋反事件的查处才刚刚开始。在酷刑之下，每天都有新的同谋诞生，供出同谋就可以少受罪，否则只能被活活打死。

这桩案子查了十年之久，杀了三万多人。开国功臣被杀死无数，幸存的官员每天早上上朝前都要跟家人诀别，不知道晚上能不能活着回来。

1390年，有人交代，朱元璋的老亲家李善长也与胡惟庸案有关，于是七十七岁的李善长连同全家七十多口人都掉了脑袋，只有他那当驸马的儿子和两个皇外孙得以幸免。

至此，在胡惟庸一案中，朱元璋算是大获全胜了。不管多么有智慧的人，多么有学问的人，还是劳苦功高的人，在皇帝的手里都如同一只蚂蚁，这个总为自己当过讨饭和尚而自卑的皇帝，终于找到自尊了！

向历史借智慧

人生不能得意忘形

据说胡宰相生活奢侈，日子过得有如神仙。朱领导在那里勒紧裤腰带大打节俭牌，他却唱反调。这还不是最要命的。要命的是，自我膨胀太厉害，连他自己都不认识自己了。胡惟庸是典型的得意忘形，以为自己有能力就不把领导放在眼里，却不知任何时候，领导发威那都是虎啸山林。如果搞不明白这样的事实，小心吃不了兜着脑袋走。

太子之死

朱元璋登基之后，把长子朱标立为太子。

朱标的老妈是皇后马秀英，马秀英是历史上有名的贤后，她为人善良正直，每当朱元璋大开杀戒的时候，她总是想尽办法为官员们求情。朱元璋虽然是个杀人狂，但对这个一起患过难的老婆还是很尊重的。

朱标继承了母亲的性格，他从小就特别懂事，对老师和长辈都很尊重。朱标二十二岁的时候，朱元璋让他开始参加工作，官员们汇报的大事小情都交给他处理，朱元璋希望这个儿子像自己一样精明能干。

朱元璋教育儿子说："打江山的领导，都历尽千辛万苦，要懂得人情世故，处事才能妥当。守江山的领导，从小生在安乐窝，如果平时不多学习和锻炼，难免要出错。"这话有理，朱标赶紧点点头。

朱元璋又告诉他几条治国的原则：只有仁德才不会因为暴虐

社会风情

春联始于朱元璋

《楹联丛话》记载，"春联之设，自明太祖始"。1368年春节，朱元璋降旨一道："公卿士庶家，门上须加春联一副。"一时间，南京城里上自王公大臣、下至平民小户，纷纷筹办春联，市场大红纸价格骤涨。从此以后，过年家家贴春联，成为中国的一大民俗，至今不衰。

而出现疏漏，一定要明察秋毫才不会被人迷惑；只有勤政才不会在安逸中堕落，处事要果断而不受教条限制。朱标没敢表态，心里头暗想，你嘴上说得挺好，但头一条就没法实行，咱倒是想推行仁政，可是你杀人连眼都不眨一下，还说什么仁政呢？

朱元璋得意地说："这些都是我治国的心得。我自从得到天下，从来没有放松过警惕，凡事都不敢怠慢，每天是头顶星星去，身披月亮归，如果你能像我一样做，我们大明盛世必然江山永固！"

朱元璋几乎每天都在杀人，有时候朱标实在忍不住，也想发表点意见，但是朱元璋发怒的样子真的是太吓人了，让朱标感觉自己的脖子也直冒凉风，有时候还要马皇后出面调解。

朱元璋查胡惟庸的案子，牵连到朱标的老师宋濂。朱标听说宋老师遭了难，就跪在地上为老师求情，朱元璋却瞪着眼睛说："等你当了皇帝再赦免他吧！"

这天晚上，朱元璋跟马皇后一起吃饭，马皇后愁眉苦脸地不动筷子，朱元璋就问她有什么事情，马皇后叹口气说："我想到宋老师就要被满门抄斩了，我实在吃不下去呀。"听了这话，朱元璋才决定饶宋濂一命。

名臣风骨

文章圣手宋濂

宋濂（1310—1381），明初著名文学家，自幼饱读诗书，诗歌散文样样都拿得出手，朱元璋认为他是明初文章第一圣手。明太祖曾问宋濂朝中大臣的好坏，宋濂回答时只谈到好的大臣。明太祖就问不好的大臣都是谁，宋濂回答："好的大臣同我有交情来往，所以我知道他们。至于不好的大臣，即使有，我也不知道。"

马皇后去世以后，朱标失去了保护伞，他怕再有什么事惹怒父亲，就让画师画了一幅图，画的是过去在战争中，马皇后背着儿子逃难的图，他把这幅图带在身上。

有一次，朱元璋又杀人了，朱标憋了一肚子话，就嘟囔出来了：“这样滥杀无辜，恐怕伤了君臣的和气呀。”

朱元璋当时没搭理朱标，第二天，他找了一条长满刺的荆棘扔在地上，让朱标去捡。朱标看了看，显出为难的样子，朱元璋就说：“你嫌有刺不敢拿，那我就把刺去掉了再给你，不好吗？我杀的都是将来会对你不利的人，我把事情都安排好，还不是为了你的日子好过？”

朱标不敢反驳，就小声说：“皇上要像尧舜那样开明，臣民自然都会安分守己。”

朱元璋一听，你小子绕着弯，说我是暴君是吧？气得举起椅子来砸朱标。朱标吓得东躲西藏，他故意把那幅图掉在地上，朱元璋以为是什么机密，赶紧捡起来看，当他看到这幅图，想起马皇后，这才饶了朱标。

这次朱标着实是吓坏了，心想朱元璋杀人如麻，虽然是亲父子，

社会风情

朱元璋首创金额大写

1385 年，户部尚书郭桓大肆贪污政府钱粮被告发，朱元璋震怒之下，将郭桓及数万同案犯全部斩首示众。为了杜绝财务混乱，朱元璋在财务上实行一些有效的管理措施，包括在账务登记时，把数字“一二三四五六七八九十百千”全部大写，大写数字涂改起来困难，可以防止作弊。这种做法，一直沿用至今。

惹急了也不知道他会干出什么事。朱标实在无法苟同老爸的屠刀政治，但也不敢再提出反对意见了，他只能偷偷盼着老爸早点升天，那时候全天下就算解放了。但他没有等到那个时候，由于长年积郁成疾，朱标三十七岁就死了。

朱元璋为了避免子孙后代为争夺皇位而发生内战，他规定皇位的继承只能是嫡长子继承制，如果太子死了就由太子的长子来继承，其他人一律靠边站。根据这条规矩，朱标的儿子朱允炆成为合法继承人，被朱元璋立为皇太孙，成了他的继承人。

向历史借智慧

父母是孩子最好的老师

如何教育孩子，这是个千古难题，一直有各种答案，并无定论。不过有一个禁忌：不能以自己的好恶来教育孩子。孩子要当个清洁工，做父母的非要他去当设计师不可，每天把孩子禁锢起来学各种各样的东西，恨不得把孩子变成神通广大的孙悟空。这都是违背人性的。让孩子快乐地生活，这才是父母最应该教给孩子的，只有这样，父母才是孩子最好的老师。

蓝玉案

明朝建国之后，元朝的残余势力逃到了漠北草原，历史上称为北元。朱元璋料到这些残渣余孽会对大明构成威胁，于是多次派兵征伐，围剿元军残部，称为征沙漠。

经过朱元璋不断地屠杀，老臣已经所剩无几，这时候有一位年轻的军官脱颖而出，他就是蓝玉。蓝玉参与过多次围剿元军残部的战争，逐渐显示出优秀的作战才能。

公元 1388 年，朱元璋决定彻底消灭元军残部，他任命蓝玉为主帅，率领十五万精兵，最后一次出征漠北。

在一个黄沙漫天的日子里，蓝玉率领明军神兵突降。

那些蒙古贵族们正在饮酒作乐，完全想不到明朝的军队能够孤军深入到这个地方，北元皇帝连自己的玉玺都没来得及拿，就仓皇地逃走了。他的儿女和老婆们，还有官员群众七万多人都当了俘虏。蓝玉缴获了北元的玉玺，还有十几万头牲畜，押送那些俘虏，高唱着凯歌回家了。

庙堂真相

冷血朱元璋

朱元璋一朝，列爵公侯的功臣共五十九人，几乎全是安徽人。从洪武二十三年胡惟庸党案和洪武二十六年蓝玉案开始，这些人被大批诛戮，从洪武二十三年至二十八年中，公侯被杀二十三人，其中直接死于胡、蓝案中的有十六人。洪武三十一年，朱元璋归天，当初被封的功臣中只有兴侯耿炳文、武定侯郭英还活着，但也是半死不活。整个洪武一朝功臣几近整体覆灭。

朱元璋接到喜报，心里十分高兴，他把蓝玉比为汉朝的卫青和唐朝的李靖，蓝玉一下红透了大江南北。

但蓝玉却不是一个聪明人，他似乎对朱元璋屠杀功臣的事迹没有一点印象。功臣与罪臣，就像朱元璋的手心和手背，随时可以翻转。蓝玉被夸奖了几句，就得意忘形，差点连自己姓啥都不知道了。

俘虏中有不少美女，在回师的路上，蓝玉就挑了一个模样出众的带到自己房间。美女！你老公已经没影了，赶紧跟了本大将军，下半辈子吃香喝辣，要啥有啥。美女一脸惊恐，退缩到角落里。

咋着？你还不同意？哇啦哇啦地说啥呢？能傍上本大将军是你的福气。美女哭着喊着连推带躲。嘿，你还不识抬举？瞧这小胳膊还想拧过大腿？那本将军只能霸王硬上弓了！

蓝大将军是得了手，可这位美女一激动自杀了，这在俘虏之中造成很不好的影响。

部队走到喜峰关的时候，正当深夜，蓝玉急着要进城休息，于是派人去叫门。梆！梆！梆！来人哪！快开门！蓝大将军要进城！

庙堂真相

腰带定生死

天下安定后，朱元璋对大臣时有诛杀。时间久了，人们总结出来经验，据说，如果朱元璋的腰带是托举着的，大臣们就不会有事；如果他把腰带用手压着，那么，就表示有人要遭殃了。

军士在城楼上探头瞧了瞧，光看见乌压压的到处都是人，是什么人却看不清，这黑灯瞎火的，谁知你是蓝将军还是绿将军？等咱跟上级报告一下，开个会，研究研究！

蓝玉可等不及，本将军到了，还开个屁会！难道你们没听说过，咱就是可与汉唐大将相媲美的头号大功臣——蓝玉！快开门！

不开？不开咱可要撞门了！兵丁们一拥而上，拿出攻城的十八般武器，叮叮当当，轰轰隆隆，不一会儿就把门打破了。

城里的守军还以为是外敌入侵，差点就爆发了内战，好在军队里有明白事的，主动出示了证件，这才平息了事端。

蓝玉的所作所为，都瞒不过朱元璋的特工，一举一动随时都有人汇报。朱元璋对蓝玉的表现很不满，本来打算封他为梁国公，因为这两件事，改封他为凉国公，想让他狂热的脑门清凉清凉。

但是没多久，朱元璋又给蓝玉提升了一级，相当于副部长了。蓝玉不知是喝高了还是怎的，竟然说："难道我不可以当止的吗？"

看来蓝玉真的是忘记了胡惟庸老前辈的下场，胡天胡地折腾了六年，朱元璋开始对他下手了。这一年，锦衣卫指控蓝玉谋反。"谋反"二字，历来是最锋利的屠刀，没有人能在这把刀下幸存。

庙堂真相

朱元璋爱用特务

明初大臣钱宰被征编《孟子节文》，罢朝回家后吟了一首诗："四鼓咚咚起着衣，午门朝见尚嫌迟。何时得遂田园乐，睡到人间饭熟时。"第二天，朱元璋就笑着对他说："昨日的好诗，不过我并没有'嫌'啊，改作'忧'字如何？"钱宰吓得魂不附体，连忙磕头谢罪。

蓝玉这会儿明智了，为了少受点活罪，他直接招认了。他一认罪不要紧，谋反不会是一个人单挑啊，肯定有同谋，于是沾边带故地就牵扯了一大堆，在严刑拷打之下，一个供出十个，十个供出百个，几千里外八竿子打不着的人，莫名其妙地都成了谋反的同案犯。

三年前才告结束的胡惟庸谋反案，朱元璋杀了三万多人，这回蓝玉谋反案，朱元璋又杀了一万五千多人，有资格的，有能力的，几乎都杀绝了，这回朱元璋可以稍微睡得安稳了。

向历史借智慧

要把经验教训当回事

人活在世上，总会碰壁。成功的人碰一次后，会总结经验，以后不碰；或者是从别人碰壁的教训中总结经验。愚蠢的人碰了一次，还会碰，碰到头破血流，人家告诉他，别碰了，看看我。但愚蠢的人不为所动，以为自己天生神力，厄运不会降到自己头上。人生最悲哀的是，看着有人被历史的车轮碾死，却还超过车子，然后躺在轮子下面。

燕王装疯

建文帝朱允炆削藩的初期，捏的都是一些软柿子，这给他增强了不少信心，毕竟咱是皇帝，咱让他们站着死，他们都不敢坐着活。这么削着削着，引起了燕王朱棣的担心。

所有藩王都已经被假定为可能造反的人，而“可能”这两个字，随时会因一纸告密而变成“正在”。

在这之前，朱棣为了让皇帝放心，主动让两个儿子到应天（南京）当人质，他可不想坐等着被罢官免职，但是要反也得先把儿子弄回来再说。

怎样解决这个棘手的问题？朱棣冥思苦想。老爸在世的时候，每天都杀人，有一个大臣为求自保，就装疯卖傻，连狗屎都吃，最终成功保住了性命，朱棣曾经听说过，也偷偷地学了几招。对啦！咱就用这招——装疯。

装疯，说起来容易，要做也难着呢，拍电影演员拍不好，大不了赔钱不卖座，他这要是演砸了，全家人的性命就没了。这一

社会风情

藩王的限制

朱元璋分封诸子到各省、各府为藩王。不过这些藩王想要醉生梦死很容易，想要为国家做点事情却很难。制度规定，藩王别说想出国旅游，就是出城扫扫墓，也要先向朝廷报告；王与王之间不得相见；一旦受封到封国，如果不是皇帝召见，不得在首都现身，不得以开会、考察的名义离开封国。

家几十上百口的，全指他这一出戏了。

一天大清早，朱棣穿着睡衣，光着脚，蓬头乱发就跑出了家门。朱棣来到大街上，逮谁骂谁，捡啥吃啥。家里的人发现王爷不见了，全家出动，满大街找王爷。于是燕京（北京）城里都知道，燕王朱棣疯了，因为啥疯的？有人说是朱棣想娶个小老婆，结果刚准备过门，那小老婆却得急病死了，朱棣一上火，就疯了。那位说至于吗？堂堂一个王爷，征战沙场一辈子，小老婆没娶上就疯了？反正甭管信不信吧，燕王就是疯了。

建文帝在燕京安排了两个人——张昺和谢贵，成天没别的任务，就是专门监视朱棣的。突然听说朱棣疯了，这俩人也很纳闷，职责所在，必须调查一下。

张昺和谢贵来到朱棣家里，一顿点头哈腰，我们听说燕王生病，特意前来探望，燕王他没什么大碍吧？朱棣的夫人愁眉苦脸地说，王爷现在不方便见客，二位的心意我们领了，就不必见他了吧。

这俩人能同意吗？不让见更有问题了，非要当面问候不可。夫人说，那你们做好心理准备，他疯了，不知会说些什么，要是胡说八道了，二位可别怪罪。

野史秘闻

“先知”程济

程济，陕西人，做过翰林院编修，会观天象，有一天突然上书说：某某时候，西北兵起，将有人造反。大家听了都当他是疯子，皇帝要杀他。程济说：请先把我关起来吧，如果到时什么事也没有，再杀我不迟。后来果然发生了朱棣造反。历史上，这位“先知”的下落不明，有人说兵败时他出主意让建文帝逃跑了，有人说他预见到朝廷必败，所以偷偷逃走了。

俩人一听马上表态，这个没关系，我们也听说燕王得的是疯癫之症，疯子说话有什么可怪罪呢。

夫人就带这二位去见朱棣。来到他那屋子，好嘛，这个热！大夏天的屋里放一火炉，俩人琢磨朱棣自个儿在这儿吃烧烤呢。走到近前一看，朱棣身穿皮袄，还披着个棉被，抱着那炉子烤手呢，一边烤一边还说："冷啊，天真冷啊。"

这俩人躬身施礼，说："燕王一向可好？我们给您请安了。"

朱棣嘻嘻一笑，说："天冷啊，你们吃了吗？"

夫人也冲着俩人诉上苦了，她说："已经找了几位名医，都说王爷这病太重，不光是脑子坏了，心肝肺也快罢工了，估计不久就要撒手归西，可怜两个儿子还不知道呢，呜呜……烦请两位跟皇上汇报一下，让我那两个儿子回来给父亲送终吧。"

张昺和谢贵热得直冒汗，赶紧告辞了。回去一合计，你说这朱棣是真疯呢，还是假疯呢？看那样确实病得不轻，不像是装的，就当真事汇报上去了。

朱允炆这人头脑简单，听说朱棣就要死了，等着儿子送终，于是不好从中作梗，就把那俩小子放了。

庙堂真相

明太祖世孙的命名

朱元璋为子孙们制定了取名命字的原则和方法。他为二十四个儿子的后代世系，各拟定了二十个字，每个字为一世。初生儿的名字中，前一个字即太祖所取，后一个字则必须是一个以五行做偏旁的字，五行则以"火、土、金、水、木"为顺序。如太子朱标的后裔世系派字是："允文遵祖训，钦武大君胜，顺道宜逢吉，师良善用晟。"后来的永乐帝朱棣的后裔世系派字是："高瞻祁见佑，厚载翊常由，慈和怡伯促，简靖迪先猷。"

俩小子跑没影了，朱允炆才明白过来，赶紧下诏书把朱棣贬为平民，又暗中指派驻守燕京的大将张信去捉拿朱棣。

张信久居燕京，深知朱棣的厉害，他接了密旨在家中犹豫不决，张信的老妈很有头脑，她见儿子因这事为难，就对儿子说："朱棣不是一般的人物，轻易死不了，你是捉不住他的，如果得罪了他，反而会遭到灭顶之灾。"

张信觉得老妈的话有道理，就打定主意要站到朱棣这边。张信来给朱棣报信，朱棣不知他到底是哪头的，不敢暴露身份，还是躺在床上哼哼呀呀，胡说八道。张信跪在地上说："请王爷相信我，有什么事尽管对我说。"

朱棣还不搭理他。张信只好把话挑明了："皇上派我来逮捕你！您就别装啦，您要不跟我说实话，那我是抓还是不抓呢？"

这句话如同灵丹妙药，朱棣那精神，一下子就恢复了正常，他赶紧从床上跳下来，一把握住张信的手说："我一家人能活命，全靠你呀！"

既然皇上已经翻了脸，再装下去已经没必要了，朱棣决定撕破脸皮，反了！

向历史借智慧

人生有几多面具

人生就是一个大舞台，我们每个人都是演员。只不过我们要随着舞台的转变而演很多角色。在家庭中，我们可能要演父母；在单位中，我们要演领导或者员工；而在社会中，我们演各种可以使我们生存的角色。每个人都戴着面具，真诚的人只有一副面具，而虚伪的人有好多副。

靖难之变

朱允炆被燕王朱棣的出色演技骗过一时，竟然把他的两个儿子放虎归山，等他回过神来，这个后悔劲儿就别提了，他赶紧密令驻守燕京的大将张信，让他去逮捕朱棣。为了防止张信办事不力，朱允炆又让那两个“监视器”——张昺和谢贵专门抓捕朱棣手下的官员。

朱棣得到张信的及时通知，马上找来一群死党，商量应急措施。

这时有人报告，张昺和谢贵带人包围了燕王府，说是奉旨来逮捕燕王府的官员。

朱棣的大脑飞速运转了一番，张信是负责逮捕他本人的，而张昺和谢贵是负责逮捕官员的，也就是说，张昺和谢贵并没有抓捕他的义务。

几个人一商量，一条计策火速出炉。

朱棣派人到大门口邀请这二位进门，这俩人一对眼，燕王府里不知有什么机关，进去别再出不来。但是来人说了，燕王已经

社会风情

姓氏谱里的势利眼

提起《百家姓》，大家都知道念“赵钱孙李，周吴郑王……”但不知道的是，这份《百家姓》其实只是宋朝通用的，宋朝皇帝姓赵，所以“赵”姓就堂而皇之地排在第一，成了天下第一姓。同样道理，明代人编撰《千家姓》，就以“朱”姓打头，因为中国历来的文化传统就是这样的，一个人只要当上皇帝，就会在任何方面都得是领导，都要排第一。

把手下的官员先行抓捕，就等着二位前来核对人数呢，一边说一边还抖出一张名单来。

张昺和谢贵又被骗住了，过去是有那样的官员，听说皇帝要抓自己，就会束手就擒，甚至主动自杀，他们以为朱棣也是呢，就跟着进来了，但是他们带的兵却被拦在外面。

朱棣佝偻着身子坐在大堂中间，见张昺和谢贵进来了，就招手让俩人坐下。有人端上一盘西瓜，朱棣自己拿了一块，对俩人说："这是新摘的西瓜，甜着呢，两位也解解渴吧。"

两个人还以为朱棣脑子不好，也没着急，拿起西瓜就啃，味道确实不错。可是朱棣把西瓜送到嘴边，突然愤怒地说："老百姓的家庭还有个亲情友爱，我身为皇室子孙，却每天为性命担忧，日子过到这个地步，天底下还有什么不可以干的事！"说完狠狠地把西瓜摔在地上。

古人搞这套一向都是以摔杯为号，朱棣改革创新，来个摔瓜为号。接着，一大群兵卒呼啦啦拥上来，这俩人就成了俘虏，不一会儿就掉了脑袋。

张昺和谢贵带来的人一直在外面等着，过了晚饭也不见他俩

庙堂真相

建文帝的间谍

朱棣燕王府的长史葛诚来京师出差，建文帝召见，向他探听燕王的动态，葛诚把朱棣有异心的迹象说给建文帝听，建文帝让他回去潜伏，随时报告朱棣的一举一动。同时还命刑部、户部等官员二十四人充当采访使，表面上是去全国各地了解情况，问民疾苦，实际上是做间谍，看诸王有没有异心。

出来，而他们被杀的消息却不胫而走，一个头目按捺不住了，赶紧集结人马就要强攻燕王府。

朱棣派出两名大将带领八百侍卫军，先杀了那个起哄的头目。余下的人一看，咱都是打酱油的，就不掺和了吧，于是一哄而散。朱棣的手下迅速控制了燕京城内的九门关卡，三天内完全控制了燕京。

控制住燕京城，下一步就要起兵做大事了，但是朱棣还缺少一样东西，就是名义。无名无分起兵那就是造反啊，有名义就不一样了，这关系到整个家族、整个社会对他是支持还是反对的问题。

找个什么名义好呢？智囊团百度一下，还真就找到一条堂而皇之的理由来，太祖朱元璋写过一本价值连城的书，叫作《祖训》，这里边明确规定，如果朝廷出现了奸臣，皇上可以秘密调遣亲王进京除奸。

朱棣抓住这条祖训，在七月初七上午召开战前动员大会，他对将士们说："咱是太祖皇帝的亲儿子，自从来到燕京，一向奉公守法。如今的皇上太年轻，听信奸臣教唆，无端挑起横祸，地球人全都看着哪！太祖留有遗训，咱有义务为国除奸！"

朱棣不提皇帝调遣这茬，接着说："今天大祸降临到咱头上，

庙堂真相

靖难之役的三大功臣

朱棣能当上皇帝，主要靠三个大功臣：姚广孝、袁珙、张玉，人称"成祖之有天下，始于姚，定于袁，成于张"。姚广孝是个天生反骨的和尚，是最先勾起朱棣欲望的人，又是他推荐了袁珙；袁珙相法天下第一，一见朱棣，就拜称"天子"，这一举动使朱棣下定了决心；建文帝开始削藩时，朱棣还在犹豫，大将张玉率先起兵发难，于是靖难兵起。可以说，是这三人将朱棣一步步推上皇帝宝座。

咱本想一死了之，但是朝廷里奸臣还在，以后还要祸害咱的兄弟，咱不得不举兵靖难，让天下人安心。咱这一片忠心，天地可鉴！”

朱棣正在慷慨激昂地演讲，天空中风云突变，一片昏天暗地，狂风暴雨倾盆而下。朱棣刚想说这谁算的日子，啪！房顶的瓦片也被风刮了下来。手下们都面带惊恐，心想这造反的事，真是瞒不过老天爷啊！

在这个关键时刻，朱棣的头号智囊——姚广孝出来解围了，他双手合十，念了声阿弥陀佛，对朱棣说：“恭喜燕王，贺喜燕王！”

都浇得跟落汤鸡似的，他这道什么喜呢？姚和尚说了：“飞龙在天，惊风带雨，大殿上青瓦落地，预示着黄瓦更替啊！”只有皇帝的宫殿才能用黄色的琉璃瓦，叫他这么一注解，这场暴风雨由凶变吉了。这招心理暗示疗法还挺管用，大伙抹抹脸上的水，重新振奋起精神来。

朱棣做好了动员工作，就正式举起了“靖难”的大旗，发兵南下。靖难是替皇帝解救危难的意思，朱棣想说的是，他不是去拆朱允炆的台，而是在帮朱允炆解围呢。经历了四年的艰苦奋战，朱棣打进了应天（南京），终于坐上了他认为早该属于他的位子。

向历史借智慧

有福没命，恰如有缘无分

俗话常说，婚姻如鞋子，合不合脚只有自己最清楚。其实权力宝座也和鞋子一样，如果尺码合适，穿上去既舒服又牢固。如果是小脚穿大鞋，早晚会跑丢了，明智的话不如趁早换鞋，以免伤了脚。

建文帝龙袍换袈裟

建文四年（1402年）六月，朱棣攻陷国都应天，朱允炆一看，咱的好日子到头了，他在皇宫里放了一把火，想要自焚了事。

一位老臣赶紧拉住他："您可千万不能想不开呀！太祖去世之前，曾经给您留下一个铁箱，说万一大难临头的时候，要打开这个箱子，现在是时候了。"

朱允炆一听，也想起有这回事，赶紧找到那个箱子，打开一看，里边有三套袈裟、僧鞋、僧帽，和剃刀，甚至还有三张和尚的身份证——度牒。朱允炆明白了，这是让咱扮成和尚逃命啊！箱子里除了这些和尚的衣物，还有一张出逃路线图和十根大金条。

老臣亲自给朱允炆和另外两名官员都剃了光头，穿上袈裟准备逃难。一头长发落了地，朱允炆反倒轻松了，咱这辈子，就要与权势斗争绝缘啦，什么真龙天子，什么天命王侯，那都是浮云。

按照图纸指示，朱允炆与另外两个"和尚"一起，从应天城东北角的"鬼门"溜出来，还有二十名忠心耿耿的手下从排水沟

野史秘闻

朱允炆的咏月诗

建文帝从小就脑袋长得怪怪的，朱元璋曾经叹他是"半边月儿"，不得善终。一次，朱元璋让他以初月为题吟诗，朱允炆的诗是这样的："谁将玉指甲，掐作天上痕。影落江湖里，蛟龙不敢吞。"朱元璋听了，半晌没吭声，觉得"影落江湖里"是不祥之兆，但"蛟龙不敢吞"，倒也没有性命之危。据说他因此而交给朱允炆一个铁匣子，里面放着剃刀僧服等，告诉朱允炆危难时可打开。

爬出来，在鬼门外会合。鬼门外正是秦淮河，河边停着一条船，有一个道士在焦急地等待他们。看见一群人围着三个和尚走过来，道士赶紧上前行礼说：“贫道等候皇帝多时了。”

朱允炆心里暗想，咱爷爷想得真够周到！图纸上说，出了鬼门有道士接应，看来这位就是了。他们乘坐道士的船来到城外的神乐观。

原来朱元璋在世时，嘱咐过神乐观的道长，时刻注意皇宫的局势，如果皇帝有难，会从鬼门逃出，让他在鬼门外接应。这些天他听说燕王攻城，就每天在鬼门外等候，果然等到了朱允炆。

随同朱允炆出逃的，有一位翰林学士叫郑洽，他的家族因为和睦仁义而被世人称为“义门郑氏”，并被朱元璋封为“江南第一家”。

当年朱元璋查办胡惟庸谋反案，波及很多无辜的人，郑家的一位家长郑濂也受到牵连，当朝廷派兵到郑家抓人时，郑濂的六个兄弟都争抢着把罪名揽在自己头上，朱元璋听说后也感慨地说：“这样的家族怎么会有乱臣贼子呢？”就下令赦免了郑家。

郑洽一家承蒙朱元璋破天荒的不杀之恩，他们一心想要回报

名臣风骨

“城神”铁铉

铁铉（1366—1402），回族人，他性情刚决，机智灵敏，很有才干，很得朱元璋的器重。靖难之役中，他镇守济南，不仅抵挡住朱棣大军的围攻，还差点生擒朱棣，燕王军攻了三个月都攻不下济南，被迫绕道南进。铁铉因而被称为“城神”，朱棣即位后，用酷刑杀死铁铉。今济南大明湖畔有铁公祠。

皇帝，就建议皇帝到他家去避难，朱允炆也觉得这事靠谱。在神乐观休息到了晚上，郑洽带着一行人连夜逃往自己的老家——浦江。

朱允炆到浦江之后，一直藏在郑家，大门不出二门不迈，过上了隐居的清静日子。第二年的元宵节，朱允炆憋闷了这么长时间，也想出去走走，就在夜里跑到集市上看花灯。

没想到在这里也有人认得他，那人觉得是个发财的好机会，就跑到官府去举报，官府派人到郑家搜查。郑洽把朱允炆藏在一口枯井里，还特意在别处移过来一个落满灰尘的蜘蛛网搭在井口。官兵把郑家翻遍了，也没找到人，后来发现了这口枯井，他们看到井口已经结了蜘蛛网，就没多想，搜不到就撤走了。

官兵回去报告，郑家不但没发现朱允炆，连金银财宝也没有，只有堆积如山的书籍典册，结果，那个企图投机谋利的人被判处诬陷罪咔嚓掉了脑袋。

这件事让朱允炆又感到不安，他觉得在郑家躲藏也不是长久之计，他也不想再去争权夺位，就带上另两名和尚离开了浦江，从此四方云游，讲经求法，再也没有人知道他的下落。

向历史借智慧

只有失去过才懂得的人生道理

有很多人生道理，只有失去过的人才能真正懂得。昨天还是皇帝，今天就成了通缉犯，这样的人生转变，要适应起来真是很有难度，不知道建文同学是否能从中悟到：原来，并不是所有的好处——尊贵、高高在上、宠爱、权力，等等——都是天经地义的！

诛你十族又如何

公元1402年，朱元璋的四儿子燕王朱棣，攻陷国都应天，皇宫里一片刀光火影，建文帝朱允炆失踪，朱棣不用再费周折，直接当上了皇帝，史称明成祖，年号永乐。

朱棣刚把屁股坐在宝座上，就发布通缉令，悬赏捉拿那些鼓动朱允炆削藩的老学究，大文豪方孝孺也在通缉之列。

皇帝登基是要诏告天下的，尤其是政变夺权当上的皇帝，需要有一通逻辑清晰的理由向天下人解释。朱棣听说方孝孺最有学问，正好也已经被捉拿归案，朱棣就命令他给自己起草继位公告。

作为“通缉要犯”，如果方孝孺乖乖写了诏书，就可以免除一场灾难，但是这老头偏偏是个死心眼，生要做朱允炆的人，死要做朱允炆的鬼，似乎这天底下一万年前就规定，只有嫡子嫡孙才能做皇帝，而朱棣这个十恶不赦的家伙，竟然要改变万古不变的世道。于是方老头誓死捍卫“天道”。

朱棣派人把方孝孺带进宫，这老头穿了一身白孝服，在宫门

名臣风骨

刺杀朱棣

南京城里像方孝孺这样的忠臣极多。建文帝旧臣中有个叫景清的，当朱棣登位后，景清决定刺杀朱棣。一天早上，景清身怀匕首来上朝。刚好有观星象者报告朱棣，说最近有红色异星要冲犯帝座，提请警惕。当日早朝时，满朝文武就只有景清是身着大红衣服的，成祖一看，就把他抓了，搜出匕首。被抓之后，景清还嚷嚷说要为建文帝报仇，成祖大怒，命酷刑处死，连带把景清的族人、乡人也都杀了。

口大哭不止。朱棣召他上殿，他连个正脸也不给朱棣，自顾号啕大哭。

朱棣还想发扬一下礼贤下士的风格，就劝方孝孺说：“你看咱也是被逼无奈，咱这样做，也是效仿古代的周公辅佐成王啊！”方孝孺一听，立即大声质问朱棣：“你的成王在哪里？”

朱棣一看他还较上真了，就说：“他自焚死了。”

方孝孺不依不饶：“那还有成王的儿子呢！”

朱棣狡辩说：“国家需要年长的领导。”

方老头不甘示弱：“那为何不立成王的弟弟呢？”

朱棣一看他没完没了，不行，得换个话题。他从宝座上走下来，来到方孝孺面前，尴尬地赔了个笑脸：“这些都是咱的家务事，老先生就不要操心啦。”这时旁边有人把纸笔递过来，朱棣说：“咱这登基公告，只有先生这样有学问的人才能写得好。”

方老头这时要是抱着纸笔回家，这事也就算过去了，可他已经做好了舍身成仁的准备，一把抢过纸笔，在上面写道：作乱反贼。然后就把笔摔在地上，一边哭一边说：“我已经决心要当烈士啦，绝不替你做广告！”

庙堂真相

偷藏方孝孺诗文者诛

朱棣诛杀方孝孺十族后，仍觉得不解恨，于是诏告天下，凡有人收藏有方孝孺诗文的，都是死罪。庶吉士章朴与杨善关系很好，章家偷藏有方孝孺诗文，便邀请杨善一起来看。永乐三年十一月，章朴因事与杨善一同入狱。杨善为求自保，告发章朴家藏有方孝孺诗文。朱棣大怒，把章朴杀掉。

朱棣这点好脾气实在是耗尽了，心想人间有路你不走，地狱无门自来投啊！他气得大吼起来："你以为一个人痛痛快快死了就完事了吗？难道就不怕我灭你九族吗？"

本来朱棣只是发发脾气而已，可方老头倔得十头牛都拽不动，他要在气焰上压过朱棣，于是他喊出了史上最坑人的一句口号："就是灭我十族我也不怕！"

朱棣原本就不是心慈手软的人，被他这么一吼，马上凶相毕露了，他暴跳着，命令武士把方孝孺的嘴割开，然后下令逮捕方家九族，外带他的学生，这得凑上十族啊，统共八百七十三人，当着方孝孺的面，乱刀砍死，这些人哭爹喊娘，那个凄惨呀！

如果他们知道，自己的死，只是为了给方孝孺做陪葬，不知会不会原谅他！

方孝孺泪如泉涌，却没有后悔的意思。最后朱棣把他拉到聚宝门外，凌迟处死，这个四十六岁的迂夫子，就这么当了烈士。

向历史借智慧

做人不要太死板

古人云：良禽择木而栖，忠臣择主而事。因此，没必要在一棵树上吊死。做人，对得起自己的良心就好，忠心不是靠玩自残来表现，玩得过了火，坑人害己，就是不负责任了。方孝孺的惨剧，值得深思。

解缙之死

在明朝，有一位大才子叫解缙，解缙从小聪明好学，出口成章，被人称为神童。

解缙的才学那是没的说，但就是有一个短处，死心眼！这一条最终要了他的命。

解缙十九岁出道，正赶上朱元璋亲自主持公务员考试，一下就过了关。朱元璋非常赏识他，拿出他老人家极其稀有的亲切，对解缙说："咱们名义上是皇帝和大臣的关系，实质上你就像我的儿子一样，你如果有什么事，就实话实说，不要有所保留。"解缙信以为真，以为皇帝真的喜欢听实话，就把肚子里那点墨水全都倒了出来，毫不忌讳。

朱元璋查胡惟庸的案子，查了十年，杀了三万多人，最后牵连到元勋李善长。解缙不清楚朱元璋的思路，他竟然充了一把大律师，替李善长辩护起来。殊不知，朱皇帝要杀谁，洗干净脖子等着就行了，根本不需要听取辩护词。

名臣风骨

解缙的机智

解缙（1369—1415）是明朝历史上有名的神童，他的机智、诙谐久为后人传诵。据说有一回朱元璋钓鱼，鱼总不上钩，朱元璋很不高兴，解缙在旁边吟了两句诗："凡鱼不敢朝天子，万岁君王只钓龙。"朱元璋立刻转怒为喜。又有一回皇后有喜，朱棣让解缙作诗，诗曰"君王昨夜降金龙"；朱棣说"是个女孩"，解缙马上说"化作嫦娥下九重"；朱棣叹气"可惜死了"，解缙再接"料是人间留不住"；朱棣说"扔到池塘了"，解缙吟出最后一句"翻身跳入水晶宫"。

赶上朱元璋心情好，也知道解缙是个直肠子，就没把他当同党论处。朱元璋把解缙的老爸找来，对老头说："你的儿子大器晚成，领回去好好调教，十年后再出来当官。"

老头赶紧把不知死活的儿子拽回了家。

过了十几年，燕王朱棣造了反，解缙一头就扎到朱棣那边。朱棣当上皇帝后，解缙被提拔当了顾问，干了不少出头露脸的活，这下解缙总算扬眉吐气了。

朱棣当了皇帝，就要考虑立太子的问题。大儿子朱高炽是个超级胖墩，走路都要别人扶着。朱棣这一生，金戈铁马，征战沙场，要多威风有多威风，再一看到老大，别提有多上火了。他心里喜欢老二朱高煦，想立老二做太子，但是碍于老爸立下的嫡长子继承制，怕有人非议，就想找点理论支持。

朱棣一想，解缙这小子一肚子好词，不如找他来看看有什么高见。可是解缙又犯了老毛病，根本不理会皇帝的意图，光顾发表自己的意见，把朱元璋的规矩拿出来说事。朱棣一听，把脸拉成了长白山，解缙也不看皇帝是什么脸色，仍然喷着唾沫星子，滔滔不绝，把朱棣气得鼓鼓的：规矩早在那儿摆着，用得着你说

社会风情

永乐大典

《永乐大典》的性质类似于今天的百科全书。它的修纂比法国狄德罗、达贝主编的百科全书和著名的《大英百科全书》还要早三百多年。全书共 22877 卷，分 11095 册，约 37000 万字。它保存了明以前我国的文学、历史、地理、哲学、宗教和科学技术等方面的丰富资料，是中国文化遗产中的珍品。1403 年，开始编撰，1408 年全书完成。

吗？咱是以四叔的身份抢了侄子的位子，还谈什么规矩呢？朱棣从此开始讨厌解缙，二皇子朱高煦就更恨他了。

解缙这张大嘴巴，不仅惹了皇帝父子俩不高兴，他还写过一副对联，“墙上芦苇，头重脚轻根底浅；山间竹笋，嘴尖皮厚腹中空”，得罪了无数“芦苇”和“竹笋”们。他们想尽一切办法排挤解缙，说他的坏话，就这样，解缙从皇帝秘书被贬到广西任职。

有一次朱棣想起了远在广西的解缙，就召他进京汇报工作。那时候没有飞机，也没有高铁，等解缙千里迢迢来到京城，朱棣又御驾亲征到漠北去打仗了，按惯例让太子朱高炽代办公务。

解缙觉着，朱棣安排让太子替他办公，那和太子汇报也是一样的，就跟太子汇报去了。

这件事本来也是合情合理的，但是被“芦苇”和“竹笋”们看到，就不正常了。他们向二皇子朱高煦报告，解缙那小子跑去见太子啦。朱高煦又跑到老爸的耳朵边吹风：“解缙那小子，趁老爸不在家，偷偷约会太子，简直不把领导放在眼里，我听说他们两个要密谋造反哪……”朱棣一听，这两个家伙背着我搞什么鬼？也没管青红皂白，就把解缙送进大牢。

社会风情

花钱赎罪的规定

永乐十一年，明成祖规定：除特别情况外，犯罪者可以花钱赎罪，并明码标价，判斩罪赎钞为八千贯，绞罪及榜例死罪赎钞为六千贯，流罪赎钞为三千贯，徒罪赎钞为二千贯，杖罪赎钞为一千贯，笞罪赎钞为五百贯。对于那些没钱来赎罪的，则发送到天寿山去种树。

解缙在牢里一待就是五年，皇帝渐渐就忘了这个人。可是这一年正月，管牢房的官员向皇帝上报囚犯名单，朱棣看到解缙的名字，说了一句："解缙还活着哪？"

这个官员也是"芦苇"和"竹笋"中的一员，一听皇帝这话，马上心有灵犀一点就通了，当天晚上准备了好酒好菜，派人给解缙送去，说是请他喝酒。解缙在牢房里等了半天，也不见这个官员过来，他心里就明白了，这是他的绝命宴，送行酒啊！反正都是死，别当饿死鬼，解缙饱餐了一顿，喝了个酩酊大醉。那个官员得知解缙醉倒了，让人把他扔到雪地里，活活冻死，这一年，解缙四十七岁。

向历史借智慧

不要轻视任何对手

芦苇虽然不够强硬，但是它易燃；竹笋虽然幼嫩，但也能长成百尺高竿。学问不是万能的，有时候没学问的人爬得更高，更有发展。所以不要轻视任何人，不要给自己制造太多潜在的敌人，微妙时刻，谁都有能力害你一把。

明成祖迁都北京

朱棣离开老窝燕京，到应天做了皇帝，但他对应天的生活很不习惯，金窝银窝都不如自家的狗窝，所以朱棣暗下决心，一定要迁都燕京（即北京）。

和应天比起来，北京的城市建筑就差远了，所以自从朱棣有了迁都的想法，他就开始派得力心腹姚广孝到北京，全力主持北京城的建设。这是一项旷日持久的工程，经过十五年的扩建，北京皇宫终于在永乐十八年正式竣工，朱棣下达了集体搬家的命令，应天从此就改称为南京。

那些在南方土生土长的大臣不愿意到北京来，听到命令都嚷嚷起来，摆出各种理由进行阻挠，有的榆木疙瘩更是哭天抢地，像上刑场一样。俗话说人挪活，树挪死，朱棣一看，你们不想挪地方，跟木头杆子有什么区别，不如现在就去死吧，他下令杀了几个顽固分子，剩下的人赶紧把嘴巴都闭上了，一个个满肚子委屈，极不情愿地卷铺盖出发。从南京到北京的大路上，蚂蚁搬家

社会风情

对民间戏曲的规定

永乐年间，有官员报告说，民间戏子在演出中扮演皇帝，皇帝也常被写进戏本子中，是大不敬，皇帝于是下旨："但这等词曲，出榜后限他五日都要干净，将赴官烧毁了。敢有收藏的，全家杀了。"明律规定：民间演戏装扮历代帝王后妃、忠臣烈士、先圣先贤的，要处杖一百。

开始了。到第二年夏天，官员们基本都搬到了北京。

一天晚上，天空中响起一连串炸雷，刚刚建成的奉天、华盖、谨身三座大殿因为雷击起火，一夜之间都付之一炬。

江南籍的官员马上发现了迁都的弊端，礼部尚书萧仪站出来指责说，朱家的祖坟都在南京，这样抛弃龙脉烟火，一定是老祖宗到老天爷那里告状了，老天爷发怒，所以才降下天火烧毁新殿，只有南迁旧都才能平息天怒，当然还有人怨。

萧仪这么一说，那些南方人都跟着附和起来，大殿上一片唉声叹气，简直把朱棣形容成欺师灭祖的恶魔了。这下又把皇帝惹怒了，你要能说出点道理来也就罢了，却搬出咱的祖坟来，拿那些没谱的事胡说八道，蛊惑人心，他一怒之下就把萧仪杀了。

但是那些酸秀才仍然在私下里议论纷纷。这个说，皇帝在南京杀了不少人，怕人找他报仇吧。那个说，皇帝无非就是想待在自己的老窝，睡觉安心罢了。

朱棣也不想当个混蛋暴君，他觉得杀人解决不了根本问题，就想了一个办法。早先燕王府里的旧随从都是迁都的支持者，而反对派都是南方人，谁不说俺家乡好呢？

社会风情

大修武当山道观

北建故宫、南修武当，这是成祖朱棣在位期间最为重要的两大工程。永乐十年（1412 年）九月十八日，武当工程正式开工，到朱棣去世的当年才完成。据说朱棣曾封武当山为“大岳”，排名在五岳之上。建成后的武当山道教建筑群，共包括九观、九宫、十二亭、三十六庵堂、三十九桥梁、七十二岩庙。

朱棣让这正反两方在午门外的广场上相对跪成两行，为迁都的利弊展开辩论。正赶上秋雨连绵的季节，这两伙人都挺直了胸脯，鼓动唇舌滔滔不绝，一方强调天下大势，一方渲染祖宗基业，唾沫星子就着雨水，嗓子倒是一点也不干。他们争得面红耳赤，直到被浇成了落汤鸡，也不甘示弱。

第一天辩论没有结果，第二天就接着来，官员们跪在地上辩论，朱棣打着黄罗伞趴在城楼上看热闹，时不时地露出一脸坏笑。

双方争论了好几天，也没弄出个子午卯酉，但是正方个个精神头十足，反方却渐渐耷拉着脑袋，没劲了。明知道皇帝是站在正方一边的，你再瞧他那表情，那架势，就算雷公再劈倒十座大殿，他也不会再迁回旧都的。反方无奈只好弃权了，毕竟天天在雨水里跪着，确实不好受，迁都的事就没人再提了。

向历史借智慧

谁不说俺家乡好

对于朱棣迁都这件事，是利大于弊还是弊大于利，到今天都还没有定论。抛开这些不说，只从赞成者和反对者的情况来看，基本上就是：老家在北方的就想迁都北京，老家在南方的就想定都南京，其实都有一种说不上台面的理由，就是想工作生活的地方离自己的家乡近一些。其实，谁愿意背井离乡去工作呢，即使这工作是做官。每个人在内心里都觉得自己的家乡才是最好的地方。

明成祖北征

明朝建立后，蒙古贵族都退居到大漠以北，经过几次追剿战役，成吉思汗的后代逐渐没落，蒙古草原势力重新洗牌之后，分裂为鞑靼、瓦剌和兀良哈三个部落。这三个部落经常混战，时不时地，也到明朝这边牵两只羊，顺几匹马。

大明皇帝对他们也是能哄就哄，实在哄不好再打，尽量保持相安无事。

永乐七年（公元1409年），朱棣派人到鞑靼去访问，鞑靼当时是脚踢瓦剌，拳打兀良哈，一时间称霸整个漠北，所以没把大明皇帝派来的官员放在眼里，当作小鸡一样就给杀掉了。

皇帝震怒啦，决心要收拾鞑靼。

次年二月，朱棣率领五十万大军，开始第一次御驾亲征。五月，明军在斡难河（今鄂嫩河）遇到鞑靼可汗，朱棣亲自指挥猛攻。鞑靼可汗还以为像过去一样，凭一时之勇就能占到上风，可是这回不行了，今儿个来的不是对手，是索命手啊！明朝五十万

社会风情

军人不许经营商业

政府明令禁止军队、军人从事商业活动。永乐六年正月十四日，都察院左都御史陈瑛奏陈：都指挥单政违法，指使其家人从事边境马匹生意，应该受处分。朱棣说：军人做生意太不像话，此人虽然有功，但也不可宽容。遂逮捕入狱。

大军铺天盖地，可汗看到形势紧迫，丢下老婆孩子，丢下大部队，只骑上一匹快马就逃走了。

鞑靼老臣阿鲁台带了一路人马，企图打朱棣的埋伏，他这点小伎俩，好比说蚂蚁要给大象下绊，十足的不自量力。挨了一顿揍之后，阿鲁台也学他的领导，抛弃了部队独自逃走。第一次北征胜利班师了。

经过这一战，鞑靼算是灭火了，瓦剌部落趁机踩在鞑靼头上，杀死了鞑靼可汗。阿鲁台走投无路，只好向明朝投降，朱棣给他封了个和宁王，希望他给蒙古人带个好头。

瓦剌挺直腰杆后，不禁蠢蠢欲动起来，也想到大漠以南捞点油水，结果也被朱棣给收拾了。但是这一次明军也损失了好几位猛将，三五年之内不能再“剧烈运动”了。

阿鲁台投降后，在明朝的庇护下休养得膘肥马壮，现在看到瓦剌受到重创，他开始伺机报仇。我踩，我踩，我使劲踩！把瓦剌家那几头蒜全都踩扁了。

没多久，阿鲁台又控制了兀良哈部落。渐渐地，他觉得自己翅膀硬了，就想脱离明朝的管制，开始吃里爬外。他先是小打小

庙堂真相

十万人大阅兵

永乐十九年（1421 年），成祖朱棣举行了明朝历史上规模最大的一次阅兵。阅兵地点为北京北边的怀来，参与部队共计十万人，包括“五军营”“三千营”“神机营”等精锐，从广西、云南、四川调来的“土狼兵”、白杆兵。前来观礼的首脑来自二十七个国家，明军展示的诸多“高科技武器”（火器）表演令各国使节大开眼界。

闹地偷点抢点，朱棣睁只眼闭只眼也就过去了。阿鲁台看朱棣没什么反应，就得寸进尺，抢东西还不满足，开始抢城池了，他就像一只绿豆蝇，在朱棣的后脑勺嗡嗡直响。

朱棣又被激怒了，开始第三次亲征。

阿鲁台知道朱棣的厉害，他不与朱棣正面冲突，而是玩起了敌进我退、敌驻我扰的游击战术。朱棣挥舞着巨大的苍蝇拍，却总是打不着这只绿豆蝇，那滋味，也够心烦的。

永乐二十二年，朱棣在漠北又追击了半年，这已经是第五次出征了，连阿鲁台的影子都没看到，朱棣感到身心疲惫，决定撤回老家。

七月十六日这天，朱棣得了急病，但他强打着精神，不让军队停下来，仍然全速撤军，第三天，明军走到榆木川（内蒙古东乌旗一带），朱棣一口气没上来就归了天。

皇帝死在外面，很容易出乱子，既要防止蒙古人偷袭，又要防止朝廷生出内乱，几个近臣隐瞒了朱棣的死讯，他们把军队里的漆器收集起来，熔化成一口棺材，把领导装殓进去，安放在皇帝平时乘坐的大车上，拉起帷幔。几个人每天一如既往地向皇帝

庙堂真相

给公务员发钱

第五次北征前，成祖皇帝发慈悲，朝廷命官一品、二品赏钞二十锭，三品、四品十锭，五品九锭，六品、七品八锭，九品五锭，未入流并办事人才等各三锭；其将军、力士、校尉、旗军等各十锭。

请安，给皇帝送饭。

普通官员不能靠近皇帝，远远地看着这几个心腹像平常一样，在皇帝的车前点头哈腰，谁都没有怀疑。

他们又抽出两个人赶回北京向太子朱高炽报信，让朱高炽做好继位的准备，这样一路平安无事地把朱棣的遗体运回了老家，还没等政敌们反应过来，朱高炽就顺利地接管了朝政。

向历史借智慧

力量是积累出来的

我们可以对比一下西汉对匈奴的战争，西汉到汉武帝时，之所以能够很好地解决强大匈奴的威胁，是因为中间经过了好几代皇帝的积累。尤其文景之治中，汉朝得到了长达四十年之久的休养生息，物资方面、将才方面，都有了长足的积累。而明朝，明初朱元璋大杀功臣，中间又发生了靖难战役，同时朱棣修建北京城又耗费了大量财物、人力。以一个疲惫的国家去主动出击强大的游牧民族，自然是很难奏效的。力量是积累出来的，所谓厚积薄发就是这个意思。

第二章　短暂的光荣

大胖子明仁宗

明仁宗朱高炽，是一个超级大胖墩。他老爹明成祖朱棣是一个马上皇帝，一生征战沙场，战功赫赫，对于这个连走路都要靠人搀扶的胖儿子，一向很不满。

朱棣当年发动靖难之变、南下攻打南京的时候，他把另外几个儿子都带出去打仗了，只留下行动不便的朱高炽在家守城。

建文帝朱允炆知道后，使了一招“围魏救赵”，派几十万大兵攻打朱棣的老家燕京（北京）。

朱允炆发兵的同时，还给朱高炽送来一封密信，信中说，如果朱高炽愿意弃暗投明，大义灭亲，他可以给朱高炽封侯晋爵。朱高炽虽然胖，但绝不蠢，就算父亲一直不喜欢他，他也不会做出卖父求荣的事。

朱高炽无须拆阅就知道是什么内容，他赶紧派人把密信原封不动地给老爹送去了，以表明自己的清白。

朱允炆这招够聪明，因为朱棣不喜欢朱高炽，如果知道他与

社会风情

成祖家训《文华宝鉴》

朱元璋喜欢编家训来教育下一代，曾经编过《储君昭鉴录》一书。明成祖朱棣也遗传了这个爱好，他曾命人将古代的嘉言善行编辑成书，用来教授太子。永乐二年书成，名《文华宝鉴》，成祖要求太子的老师们都要以此书为教材，多给太子讲说修身治国的道理。

朱允炆有什么来往，必然猜疑，没准父子会自相残杀。

朱棣得知老窝被困，心里十分为难，自己打了好几年，眼看要攻到南京了，如果回援燕京的话，恐怕前功尽弃；如果不回援，又担心朱高炽把老家丢了。

朱棣反复衡量之后，决定继续进攻南京。

燕京城只留有一万兵马，这时朱高炽见兵临城下，他打定主意，与其等城池沦陷再死，还不如舍身战死。他不顾自己“面积大，目标明显”的劣势，冒着被流箭射中的危险，亲自上城督战，老妈徐王妃看儿子如此勇猛，也跟他一起上城鼓舞士气。

连老天爷都支持朱高炽，当时已近寒冬腊月，朱高炽让士兵们夜里提水浇在城墙上，到了早晨城墙成了冰墙，敌军中有架云梯爬上墙头的，但是到了墙头却抓不住，又滑下去。守城将士在朱高炽的激励下，奋勇杀敌，终于打退了朱允炆的军队，成功保卫了大后方。

朱棣登基之后，犹豫了很久，最后还是立朱高炽为太子，这使随军征战立下大功的老二朱高煦极为不满。

永乐十六年，朱棣到北京督建新皇宫，让朱高炽在南京监国。

社会风情

明儒家训

“做秀才好比是处女，要少接触人；已经走上仕途了好比是媳妇，要养育人；退归林下后（不做官了），好比是婆婆，要教育人。”“有权有势时，别人就会像群蚁聚集在羊肉上一样来趋炎附势；没权没势时，别人就会像喂饱的老鹰无情地离开主人扬长而去。”这是明朝文学家和书画家陈继儒说的。

朱棣长期不在南京，而那些揣测皇帝心思的大臣，就帮着朱高煦说太子的坏话。

古人云，众口铄金，积毁销骨。

坏话说得多了，朱棣就开始担心朱高炽有什么不轨的行为，他让礼部侍郎胡濙到南京暗访，监视太子的举动，甚至说："别人都说太子有很多缺点，你到京城去看看，多待一阵子，发现什么情况就给我写密信，字要写得大，如果密信晚上到达，我好看得清楚。"

他这明摆着想找朱高炽的碴，如果派去的是朱高煦的亲信，那朱高炽就完蛋了。

幸亏胡濙是一个好人，他没有揣测圣意去迎合皇帝，到南京住了一阵，明察暗访，他发现朱高炽不仅尽职尽责，而且仁政爱民，于是胡濙用斗大的字给朱棣写了一封信，信中介绍了朱高炽监国的七件事情，以此举例说明太子为人诚实恭敬，行事有礼有节，恪守本分，从此朱棣不再猜疑这个胖儿子了。

朱高炽继位以后，首先给前几位皇帝留下的冤案平反，又减轻刑罚，废除残忍的宫刑，他还任用贤臣，倡导节俭，停止一些

庙堂真相

朱高炽仁厚

永乐十八年（1420年）十一月二十五日，太子朱高炽由南京至北京，路过邹县，见当地受灾，老百姓生活艰难，食不果腹，朱高炽亲自到百姓家里，访问疾苦。山东布政使石执中来见，朱高炽大骂他一顿。石执中请免粮赋，高炽说，农民都没得吃了，还征什么粮？应该赈灾！石执中建议每人赈济三斗米，高炽说，每人六斗！

耗费钱财的活动，甚至想要把国都回迁到南京以缩减南北漕运的开支。

胖子朱高炽是个不错的皇帝，可惜他只在位八个月就去世了，他去世后，他的儿子朱瞻基继位，继续推行他的仁政。

向历史借智慧

父母应该具有慈爱之心

家是最小国，国是千万家。每个家庭和睦了，社会就会安定许多。儒家学者一贯重孝道而轻慈爱，殊不知每个身为父母的，都比他的孩子先来到世界上，如果做父母的不懂慈爱，单纯讲孝道又有什么意义？儒家学者们制定了一套严格的忠、孝、烈制度，用来拍权力的马屁，使皇权、父权、夫权变态扩大，致使人权为之泯灭。

明宣宗仓促即位

明宣宗朱瞻基是明仁宗朱高炽的长子，明成祖朱棣的长孙。

朱瞻基这孩子，从小就气质不凡，聪明伶俐，而且长得很像朱棣。朱棣特别喜欢这个长孙，不管身在南京还是北京，总是把朱瞻基带在身边，早早地就把他培养得上知天文，下识地理，文才武略样样精通，朱棣对这个大孙子可谓是寄予厚望。

朱瞻基的崛起，很大程度上弥补了胖老爸朱高炽的劣势，对于保住老爸的地位起到重要作用。曾经有一次，朱棣一家老小出城去祭拜朱元璋的陵墓，朱高炽身子胖，腿脚也不好，被两个人扶着还差点跌倒，老二朱高煦跟在后边就嘲笑地喊起来："前人跌倒了，后人要注意啊！"当时才十几岁的朱瞻基马上接过话茬："还有后人会更注意呢！"朱高煦一扭头，看到这个侄子正冷冷地看着自己，那一脸的杀气，把他吓得直打寒战。

朱棣为立太子的事犹豫徘徊的时候，官员们也摇头晃脑各执一词，最后是不知死活的解缙说了句"好圣孙"，一句话提醒了朱棣。

野史秘闻

《虎彪图》立太子

永乐二年，明成祖不喜长子朱高炽，而欲立第二个儿子朱高煦为太子，但众多大臣反对，并呈上《虎彪图》。这幅画中，三只小老虎在一只大老虎周围，高级知识分子解缙题诗一首："虎为百兽尊，谁敢触其怒？惟有父子情，一步一回顾。"向成祖大打亲情牌，于是成祖立朱高炽为太子。

大孙子乖巧能干的模样浮现在眼前，朱棣一想，只有立朱高炽为太子，才能轮到“好圣孙”朱瞻基，为了大孙子将来能继承皇位，他最终决定了朱高炽的太子地位。

朱高炽胖得发虚，体质很不好。他上台后虽然工作很敬业，但却解决不了外部的叛乱，一着急一上火，只当了八个月皇帝就病倒了。朱高炽知道自己日子不多了，赶紧派人到南京叫儿子来接班。

此时的朱高煦，也在特工的帮助下，知道了朱高炽病危的消息，老爸死的时候，他的情报工作没搞好，这回一定要先下手为强。

但是朱高煦知道，如果动硬的发兵造反，成功的概率不大，他决定“智取”，怎么智取？如果朱高炽死了，朱瞻基这小子必然匆忙跑来奔丧，不会带太多随从，咱就在他奔丧的路上设下埋伏，还怕整不死他！这小子死了，咱不就理所当然地当皇帝了？就像老爸朱棣一样！

朱高煦选了一批武林高手，在他认为是必经之路的地方设下了埋伏。这帮大侠潜伏在树丛里，左等右等，被蚊子叮了一堆包，也不见朱瞻基的人影，心想可能是因为太远吧，再等等。

庙堂真相

朱瞻基的爱好

明宣宗朱瞻基以逗老师玩为乐。每次老师讲完课，朱同学就让太监把几个银子扔地上，让老师们爬地上捡钱。朱同学有令，大家都得捡，大臣李时勉不吃这一套，宁死不狗爬，朱同学吃硬不吃软，知道李时勉不好惹，又掏出些钱来赏他。

朱高煦这个蠢材就不明白，他能养得起特工，朱瞻基就养不起吗？何况他朱高煦惦记皇位也不是一天两天了，早已是司马昭之心，路人皆知。

朱瞻基早就料到他会有如此下作的手段。几年前，他在北京替爷爷办公，就在南京和北京之间来往过多次，他打探到一条小路，虽然稍远一点，但是不引人注意，他这次就从这条路进了京。

朱瞻基走到京郊良乡的时候，迎面正好遇到一个官员来给他送信，官员一看见他，马上跪在地上，皇上归天了！朱瞻基赶紧快马加鞭，一路风尘奔进了皇宫。

朱高煦还在那儿等啊等啊，等到花儿都谢了，却等来了朱瞻基已经在皇宫里准备登基的消息！他气得直翻白眼，计划又泡汤了。

朱瞻基即位后，马上把他的老婆们一二三四排好了次序，同时任命各部门官员。凭借他多年实习的经验，一切进行得井井有条，没有一丝慌乱。对于居心叵测的朱高煦，他也做好了应对的准备，一场新的战斗就要打响了。

向历史借智慧

机会只留给有准备的人

朱高煦的最终失败，并不是因为他接连错失了几次政变的良机，而是因为，他看见了机会在招手，但是却没有能力抓住。说到底，还是他的准备工作做得不够。很多人坐等机会的到来，却发现机会如"神马"，"神马"都是浮云，忽然而来忽然而去，干看了半天什么也抓不住。

摆平朱高煦

朱高煦当了皇叔，咽不下这口气，咱这智商也不比谁低，咋就老是慢半拍呢？不行咱就动硬的！他决心起兵造反。

朱高煦表面上装作拥护皇帝的样子，暗地里却忙着打造兵器，招兵买马，还拉拢京城里的官员，企图伺机篡位。他自以为搞得很隐秘，结果人家把他写的密信都交给了皇帝。就连他的老窝山东乐安，也有皇帝的眼线，举报信像雪片一样飞到皇帝手里，朱高煦要造反，已经成了公开的秘密。

一切都不出朱瞻基的预料，他写了一封信，派人给朱高煦送去。朱瞻基打出了亲情牌，咱们可是亲叔侄，您不看我，也得看看我老爸呀，就是不看我老爸，也得看看您老爸不是？咱打断骨头连着筋，但是家有家规，国有国法，叔叔这么闹腾下去，叫侄子我很为难呀！

朱高煦看了信，不屑一顾地吼道："俺老爸当年靖难起兵，如果没有咱的功劳，哪里会有今天？回去告诉俺那侄子，赶快除

庙堂真相

皇位之争

据说明成祖朱棣曾对自己喜爱的二儿子朱高煦许诺："你大哥（朱高炽）身体不好，你好好干，这锦绣江山迟早是你的！"但后来朱高炽做了皇帝，虽然很快就死了，但皇位仍然没轮到朱高煦，而是他的侄子当了皇帝。于是朱高煦造反，想重演老朱家叔叔抢了侄子皇位的故事，不幸的是，朱高煦失败了。

掉身边的小人，否则，咱也要‘靖难之变’啦！”

过了几天，朱高煦又派人进京，向皇帝汇报，说俺想叛乱，其实都是夏原吉的主意。

这可真是蠢透啦，夏原吉自打朱棣北征蒙古的时候，就辅佐朱瞻基留守北京，那些年陪着他南京北京地跑，在工作上，生活上，都照顾得无微不至，要说老夏想造反，那简直是侮辱皇帝的智商！

朱瞻基一听就知道朱高煦想借刀杀人，他可没那么蠢，就把夏原吉找来商量对策。老夏很生气，劝说皇帝亲自出马，好好教训这个没脑子的家伙。

第二年八月，朱瞻基亲自率领大队人马向朱高煦的老窝乐安开拔了。

到了乐安城，朱瞻基命人在城外张贴告示，表明了欢迎投降的政策，然后又给朱高煦送去一封信，对他说：“如果有人蛊惑叔叔造反，叔叔把这个人交出来，我就不再追究这件事，希望叔叔不要被人利用。如果我们交战，你的部下很可能会把你绑了送给我，那时我也救不了你。”

朱瞻基这样说，其实是在给朱高煦找一个台阶，让他拉出一

庙堂真相

有趣的朱瞻基

明宣宗朱瞻基治国一本正经，但他同时也是个大孩子：喜欢游乐与美食。他最喜欢的游乐莫过于斗蟋蟀，也就是“促织”。江南出好蟋蟀，也有斗蟋蟀的风俗，因此宣宗叫苏州知府采办一千个好蟋蟀。《聊斋志异》里的名篇《促织》讲的就是这件事。在吃的方面，朱瞻基也是食不厌精，尤其喜欢朝鲜女厨师做的朝鲜风味豆腐。为了能经常吃到这种豆腐，他还写信向朝鲜国王索要女厨师。

个替罪羊了事。朱高煦左瞄瞄，右瞧瞧，没谁蛊惑咱呀？咱今儿个，就一人做事一人当了！这家伙执迷不悟，发誓要顽抗到底。

朱瞻基立刻下令用大炮攻城。眼看着城门就要被攻破，朱瞻基又下令暂停，再次派人给朱高煦送信招降。城里的军兵本来就不看好朱高煦，再看到皇帝这么仁至义尽，恨不得把朱高煦绑了扔出城外，大伙都消极怠工，不肯卖力。

朱高煦登上城头，看到他的手下一个个蔫头耷脑的，喊也不动，骂也不走，他知道自己完蛋了，只好出城来受降。

朱瞻基把他们一家带回京城，软禁起来。关了几年之后，朱瞻基决定亲自去视察一下，几年不见，不知他改造得咋样啦。

朱高煦没有利用这个机会好好表现，却干了一生中最后的一件蠢事。他趁朱瞻基不备，突然下了一个腿绊，把朱瞻基绊倒在地上。

这下朱瞻基终于愤怒了，把隐忍多年的不满全都爆发出来。他一转身，看见墙角有一口大铜缸，就命人抬过来，把朱高煦扣在里面。

这口铜缸有三百多斤重，但朱高煦力大无穷，竟然把铜缸顶起，

社会风情

治理黄浦江

明代以前，黄浦江只是条小河沟。由于当时上海地方最重要的河流之一的吴淞江淤塞，导致连年水灾，成祖皇帝派户部尚书夏原吉治水，夏采取治水专家叶宗行的建议，利用东江（另一支重要河流）故道，过黄浦，开挖渠道，与吴淞江在陆家嘴交汇，引太湖水由此径流入海，遂形成了今天的黄浦江。

摇摇晃晃地向朱瞻基走过来。卫兵们赶紧上去七手八脚地把缸按住，朱瞻基叫人在铜缸四周放上炭火，硬是把朱高煦活活地变成了烤鸭。

这个四肢发达、头脑简单的家伙，就这么结束了不明智的一生。

向历史借智慧

蚂蚁式的报复要不得

网络上有个流传很广的笑话说：蚂蚁跟大象有仇，一天，蚂蚁瞅着大象经过时，突然伸出腿来，准备要绊大象一跟头，结果……大家不用想都猜得到，结果是蚂蚁的腿骨折了，进了医院。朱高煦绊侄子一跟头的行为，就像笑话里的蚂蚁，这种不顾形势的发泄愤怒，属于低智商式的报复，注定会是一个悲剧。

别了，安南

位于亚洲中南半岛东部的越南，地域狭长，它的北部开阔的部分，在古代称为交趾，也称安南，从两千多年前的秦朝时起，就成了中原大国的附属地。安南的地理位置偏远，历代王朝为它花费了大量的财力人力，却总是叛乱不断，它就像肚子里那块阑尾，啥用没有还总得花钱治。

朱棣当皇帝的时候，安南又发生叛乱，他用了九年时间才暂时止痛，之后派了两个官员——李彬和黄福去管理。李彬当司令，把军队管得纪律严明，秋毫不犯；黄福主管民政，仁义爱民，广施德政，老百姓都很拥戴他们。

但是明朝的皇帝都是疑心很重，总要派太监到军队里监督工作。朱高炽在位时，有一个叫马骐的太监被派到安南。马骐仗着自己是皇帝特使，在当地横征暴敛，贪赃枉法，没多久就把老百姓都得罪光了，黄福和李彬也拿他没办法。

当地有一个小官吏，叫黎利。他以前是当地造反军陈季扩手

社会风情

宦官出使外国

历来宦官都属内廷之官，即皇帝的家臣，与朝廷上的大臣有内外之别。永乐元年，成祖先后派遣宦官出使各国：马彬等出使爪哇国，并诏谕苏门答腊、西洋琐里等国；李兴等出使暹罗（今泰国）；尹庆等出使满剌加、柯枝等国。此举开了宦官出使外国的先河。

下的骨干分子，后来投靠了明朝。这时他看到老百姓对马骐不满，就利用陈氏家族的影响，在马路上拽来一个乞丐，扔到澡堂里洗干净了，冒充是老陈家的后代，开始做广告。大家快来看呀！老陈家后继有人呢，要领导咱们起义啦！老百姓一激动，卷起袖子就跟着一起干了。李彬手忙脚乱地镇压了大半年，总算平息了一阵。

皇帝身边有一些专靠诽谤为生的家伙，趁机说了李彬不少坏话，李彬就被调回京城，他的一个下属被提拔起来接了班，同时也换了一个叫山寿的特派员。

这个山寿比马骐还缺德，纯属祸国殃民的一个混蛋。黎利送给他很多好处，让他帮忙向皇帝说情。山寿就向皇帝汇报，黎利那个人不错呀，咱用脑袋担保，他绝不会再反啦。皇帝问他，黄福有什么意见吗？

山寿不再提黎利，却转移话题说："黄福在安南已经十八年，安南人只知道有黄福，都不知道有朝廷。"皇帝一听，这黄福当上土皇帝啦？

诸葛亮先生曾经说过，国家要想兴盛，当皇帝的一定要近贤臣而远小人，否则就等着国败家亡吧。胖领导朱高炽这会儿，有

社会风情

明朝户籍制

我们今天的户籍制，即是明太祖制定的。他让人登记天下户口，设置户帖、户籍，详细登载姓名、年龄、居住地。户籍上交户部，户帖（相当于今天的户口本）下发人民。户籍共分三等：一是民户，一是军户，一是匠户。法律规定："农业者不出一里之间，朝出暮入，作息之道相互知"。任何人离乡百里，都必须持"路引"，"路引"实际上就是离乡的证明。

点奸贤不分了，总以为自己的特派员说的都是真话，就派人去撤换黄福。

当地的老百姓知道黄福要走，都扶老携幼地夹道相送，黄福也舍不得他们，只好与他们相约后会有期，就回到了北京。

黎利听说黄福走了，马上又折腾起来。新上任的两个军政官员不能协同合作，总是一个想往东，一个想往西，而黎利善于用兵，两下一交手，黎利经常以少胜多，明军节节败退。

消息传到北京，朱高炽上了一股火，得了一场大病就去世了，这个烂摊子就留给了朱瞻基。

这时黎利攻城略地的势头越来越猛，朱瞻基没别的办法，只能不断换人去坐镇，说实在的，换来换去都不如早先那两位，战事越来越糟糕。

朱瞻基发觉路子不对，又把黄福派过去，但是撤换的几个司令都不了解当地情况，还刚愎自用，胡打瞎撞地都被黎利打败了，最后黄福也落入了包围圈。

黄福不愿当俘虏，拔出宝剑就要自杀，这些叛乱分子见了，“扑通扑通”都给黄福跪下，大喊着叫他不要死。黄福气愤地说：

庙堂真相

朱元璋跟孟子过不去

因为《孟子》讲“君轻民贵”，并说老百姓应该视坏皇帝为仇寇，朱元璋非常愤怒，他诏令把孟子的牌位赶出文庙，并禁止大臣们对此说三道四。有个叫钱唐的大臣，带着一口棺材，来为孟子讨公道，朱元璋见了，更加愤怒，命令侍卫们放箭，钱唐身上中了好些箭，站不起来了就在地上爬，但还是不放弃。朱元璋受了感染，终于收回诏令。

“你们难道不希望我死吗？可是朝廷不曾辜负你们，你们为何要造反？”

这些人都争抢着说：“如果官员都像您一样廉洁爱民，我们怎么会造反啊？我们都是被逼无奈啊！”黄福也深知官逼民反的道理，不禁老泪纵横，他扔下宝剑，最后带着百姓送给他的礼物，回到了京城。

黎利以陈氏后裔的名义，给明朝皇帝写信说，黎利那个混蛋已经被咱杀了，老百姓都想过点安生日子，希望不要再打仗了。

朱瞻基看到这封信，一时拿不定主意。很多人觉得黎利是诈死，他这是在拖延时间，如果不除掉他，就是留下一颗定时炸弹，没准儿啥时候又炸锅了，他们主张要把黎利斩草除根。但是也有官员认为，安南地区自古动荡不安，收复了也只是一个摆设，什么用都没有，不值得为它再耗费精气神。

朱瞻基又慎重考虑了许久，最终决定放弃对安南地区的统治，时间是 1431 年。

从此，安南（交趾）彻底挣脱了中国的怀抱。

向历史借智慧

用对人才能办对事

西汉时，班超主政西域，西域几十年太平无事，后来换了一个人去，没两年，西域大乱。明朝在安南的情形也是如此，用错一个人，就会办错事，甚而给整个国家都带来损失。而如果用对一个人，则再难的事情也可能峰回路转，创出新局面。

大明“三杨”

明代早期官场里有三位著名的“五朝元老”，他们都是从朱允炆那个年代开始当官的，这三位就是：西杨——杨士奇，东杨——杨荣，南杨——杨溥，在当时并称“三杨”。

“西杨”杨士奇比另两位大几岁。杨士奇是个苦孩子，从小没了爹，家里穷得叮当响。母亲为了把他养大，带他改嫁到一户姓罗的人家，他也就改姓了罗。

他的继父开始并没有注意过他。有一次罗家祭祖，杨士奇想起自己的亲爹，他知道罗家不会摆放他父亲的牌位，就自己在外面撮了一堆土，跪在地上磕头。

继父看到他这个举动，心里不免对这个小孩有些敬佩，第二天，继父就对杨士奇说：“你以后会有大出息的，不要跟我姓罗了，还是保持祖姓吧。”

杨士奇非常有志气，长大后他自己办了个学习班，靠教书为生。在他三十三岁的时候，朱允炆刚刚上台，在社会上公开招聘学者，

庙堂真相

仁宣之治

从 1425 年到 1435 年，这短短的十年间，明仁宗与明宣宗采取了宽松治国和息兵养民的政策。明初社会经济经洪武、建文、永乐三朝的恢复发展，到仁宗、宣宗两朝，出现了社会经济的繁荣。仁宗时平反冤案，轻徭薄赋。宣宗时实行重农政策，赈荒惩贪。仁宣两朝，内阁大学士杨士奇、杨溥、杨荣执掌朝政，多有建树。后世称之为“仁宣之治”。

于是杨士奇鲤鱼跃龙门，一下子得到重用，走进权力中心。

朱棣登基后，杨士奇当上了皇帝顾问，到朱高炽上台后，他成了顾问里的一把手。杨士奇胸怀大志但却不露锋芒，不管哪个皇帝执政，他都尽量不得罪人，还常常帮别的官员说好话，替他们消灾解难。

“东杨”杨荣是一路科考过来的，算得上名校出身。杨荣不仅学历高，脑子也机灵，朱棣在位时最喜欢他，前后五次北征蒙古都带着他，杨荣也就成了皇上身边的红人。别的官员见风使舵，都拼命巴结他，给他送礼，杨荣一般都会照单全收，来者不拒。朱瞻基上来之后，对杨荣有些不满，就找来杨士奇问他有什么看法。

杨士奇说：“边防上的事，杨荣都很精通，这一点我是愧不如他，希望皇上您不要因为小事怪罪他。”朱瞻基一听笑了，说：“你怎么还替他辩护？他在我面前可是常常说你的坏话。”杨士奇宽容地说：“皇上您对咱一向宽厚，希望也这样对待杨荣吧。”

后来杨荣再讲杨士奇的坏话，朱瞻基就把这件事说给他听，杨荣非常羞愧，从此与杨士奇结成了铁哥们。

对人宽容是件好事，可是宽容过度就失去了原则，杨士奇当

社会风情

明朝限购令

“限购令”在历史上早就出现过，不是新名词。元世祖针对公务员的“限购令”是不准蒙古官员在江南买房。明朝时则不许当官的在工作地买房，违者要打五十大板和革职加房子充公。清朝也不准公务员在工作地买房，处理办法跟明朝差不多。

了一辈子高级官员，却没能管教好自己的儿子。他老的时候，他儿子杀害几十条人命，被判处极刑，这让老杨丢尽了脸，最终在抑郁中死去。

杨荣在朱棣活着的时候大红大紫，当朱棣在撤军的途中去世时，杨荣及时封锁了朱棣的死讯，一手导演了一出好戏，最终使朱高炽顺利继位。杨荣也因此又被加封了一大堆官衔，从此更加声名显赫。

但是常在河边走，难免也会湿鞋。英宗朱祁镇继位后，太监们爬到了很高的地位，开始与大臣争权。杨荣因为经常收受贿赂，终于被人抓到了把柄，要不是杨士奇替他讲情，他的脑袋就保不住了。

“南杨”杨溥是“三杨”中命运比较坎坷的一个。

杨溥比杨荣大一岁，他们俩同一年考上公务员，但是命运却天差地别。当杨荣成为皇帝顾问的时候，杨溥却被调到太子朱高炽那边，当个打杂的勤务官。

当个勤务官也就算了，没多久又因为朱高煦的挑唆，朱棣把太子手下的官员全都投进监狱。

杨溥就这样稀里糊涂地吃了牢饭，在监狱里一住就是十年。

庙堂真相

不言不语建庶人

明成祖攻入南京后，建文帝及其长子朱文奎不知所终，两岁次子朱文圭被成祖幽禁起来，称为“建庶人”。到英宗天顺年间，建庶人已经成长为五十多岁的老翁。英宗有天动了恻隐之心，将他释放。建庶人出来后，不识牛马五谷，不会说话，就像一个大白痴。没过多久，去世了。

杨溥盼星星盼月亮，直到朱高炽上了台，他才从监狱里出来。等朱瞻基继位后，杨溥才当上皇帝顾问，加入“三杨”的行列之中。

十年牢狱，使杨溥养成了谨言慎行的习惯，连走路都是低着头靠墙根走，好像生怕树叶砸到脑袋似的。

朱瞻基去世后，九岁的朱祁镇当了皇帝，太皇太后（仁宗的皇后）很不放心。她很看重老臣，尤其对无辜蹲了十年大狱的杨溥十分尊重，曾经当着大伙的面对杨溥说：“先皇常常想起你，为你叹息，今天我才见到你呀。”杨溥感动得趴在地上老泪横流，太皇太后也直拿袖子抹眼泪，官员们见了，从此都对杨溥高看一眼。

有一次杨溥的儿子从老家来京城，沿途的官员都对他热情招待，山珍海味的没少侍候，临走还给揣上点红包啥的。只有江陵的县长比较抠门，不但没送红包，连饭菜也是家常便饭。杨溥听说后，觉得这个县长很清廉，就提拔了他。

杨溥是“三杨”中最后去世的，那时候太监当道，他做事更加谨慎，凡事不与人争，总算是安度晚年了。

向历史借智慧

凡事都要有个度

我们主张宽容，但绝不能把宽容当作纵容；讲究严格，但也不能把严格变成吹毛求疵。这个世界上，很多事都是相对的，如果不掌握尺度，物极必反，善也会变成恶。

王振祸水

在古代，太监是一个命运悲惨的弱势群体，大多数太监都是从小被强行征进宫，阉割之后给帝王当奴仆。也有的穷苦人家养不起孩子，只好送孩子当太监以求活命。

但是也有一些人为了寻找机遇飞黄腾达，主动自残去当太监，明英宗时期专权的太监王振就是这一种。

王振为了实现出人头地的梦想，抛弃了人民教师这个光荣的职业，改行去当了太监。

王振进宫不久，宣宗朱瞻基就把他派到东宫去侍候太子，就是后来的英宗朱祁镇。这时太子才几岁，整天大呼小叫，满地乱跑。小孩子要比大人好糊弄，王振把太子哄得心花怒放，太子一会儿见不着就四处找他，对他简直比爹妈还要亲。

老天爷成全王振，太子九岁的时候宣宗就去世了，于是太子即位。

九岁的朱祁镇一上任，就开始行使权力，他把自己最喜欢的

庙堂真相

宦官带兵的开始

永乐三年（1405 年）六月十六日，成祖派宦官山寿等率兵出云州北行，巡视边塞。每个士兵带着一个月口粮，每三十里置五个骑兵，以备有情况及时报告。山寿率兵，是明朝宦官带兵的开始。

王振封为司礼太监，这已是太监里边的极品了。

王振一步登天，但他并不满足，还想在政治上有所作为。这个时候太皇太后还在世，她重用老臣，王振就很注意老臣的脸色。有一次朱祁镇跟几个小太监在宫里玩，王振等老臣来的时候，就“扑通”一声跪在地上，拿出一副忧国忧民的样子规劝领导，哎呀，我大明的江山社稷呀！皇帝可千万不要沉迷玩乐，误国误民呀！几位老臣听了都很感动，难得在太监里边还有这样耿直贤德的人啊！

但是在背地里，王振一直寻找机会想玩玩政治。终于有一次，皇帝玩得高兴，让他代替自己去朝阳门外阅兵，王振趁机把自己的亲信提拔成大官。这事被太皇太后知道了，这可不得了，这小子再不收拾就要上房揭瓦啦！老太后指挥一批娘子军，把王振捉来。老太后又找来朱祁镇和几位老臣，她指着老臣对朱祁镇说，你老爸临死的时候交代过，让他们辅佐你治理国家，你有什么事都要跟他们商量，不能擅做主张！

朱祁镇吓得连连点头。老太后又指着王振说，太祖时就定下规矩，太监决不可以干政，你不老老实实地侍候皇帝，还想玩政治，

野史秘闻

不敢有胡子

大太监王振权势熏天时，很多人巴结于他。有位叫王佑的工部郎中，除了人长得帅，没胡子，屁本事没有。一天王振问王佑：“你为什么没有胡子？”王佑答得绝：“爸爸您老人家都没有胡子，我怎么敢有胡子呢？”王振一高兴，提拔王佑当工部侍郎了。

我就让你知道这玩火的后果，给我拉下去，砍了！几个女将上来，提刀压住王振的脖子，把王振吓得差点尿了裤子。

朱祁镇这孩子挺重感情的，他对王振的依赖已经上升到亲情的高度，要砍王振的脑袋，他是一万个不答应。朱祁镇抱着奶奶的大腿，奶奶呀，我求您啦，千万不能杀呀，这让我怎么活呀！呜呜……被王振迷惑的官员也都跪在地上，恳求饶他一命，老太后没想到王振还有这么好的人缘，只好放他一马。

朱祁镇当皇帝的第七年，老太后去世了，老臣也所剩无几，王振的时代到来了！

朱祁镇为了表示对王振的尊重，称他为先生。皇帝一带头，官员们也跟风效仿，争先恐后地拜王振为干爹。这是一个奇特的年代，越是不能生娃，越是有资格当爹。

打这以后，官员们给王振送礼就形成了规矩，如果不送或是送的少了都会招来横祸。

主管教育的官员李时勉，对这种不正之风深恶痛绝，坚决不肯给王振送礼。王振就把手下撒出去，寻找他的小辫子。四处一打听，这老李一没贪过污，二没受过贿，连一点花边绯闻都没有，

庙堂真相

明朝的驸马

驸马是夫凭妻贵，不过，也有很难做的时候。据记载：明朝的驸马，可以住大房子、穿好衣服，身份贵如王侯，连带着父亲封官、母亲得赏；但驸马爷活得却像金丝鸟，一点自由也没有，要按时上班，要按时起床睡觉，要听公主的话，干点什么都得请示、汇报。

找个啥罪名呢？大力发掘之下，他们终于打听到，李时勉曾经嫌一棵古树的枝杈碍事，就砍掉了几根树枝。哈哈，有了！这不是“滥砍滥伐”嘛！

俗话说前人栽树，后人乘凉，你砍了前人的树，那就罚你不能乘阴凉！王振给李时勉戴上枷锁，扔在烈日下示众。

李时勉被暴晒了三天，仍然不肯屈服。他的一千多名学生联名上书请求释放他，还有学生要求替他受刑。李时勉的同僚托关系找后门，通过太后的父亲向太后求情，太后又告诉朱祁镇，朱祁镇这才知道发生了这件事，就问他的王先生，那个老李，是怎么回事呀？为啥有那么多人替他求情呢？王振怕事情闹大，才放了李时勉。

像这样群众基础好的官员，侥幸能逃脱王振的魔掌，其他人要是得罪了王振，就没那么走运了。有一位老兄，贵为当朝驸马，平时也得对王振点头哈腰的。有一天，驸马爷在自个儿家里训斥一名小太监，被王振撞见了，王振大怒：你老兄这样骂他，还不就因为他是太监？俺们天生就愿意当太监吗？为了给自己的同行出口气，王振不由分说就把驸马爷投进监狱。这下好了，天底下人都知道大明第一大太监的威力了。

向历史借智慧

感情不能大于公德

玩伴王振曾经给过小皇帝很多童年的欢乐，小皇帝对他有很深的感情，理应感谢他、报答他。但这种感情应该有个度，就是不能超过了公德，不能因为爱一个人，就毁掉一个世界。《钢铁是怎样炼成的》一书的作者奥斯特洛夫斯基说过一句名言：只为家庭活着，这是禽兽的私心；只为一个人活着，这是卑鄙；只为自己活着，这是耻辱。

土木堡之变

正统十四年（公元 1449 年）七月，蒙古瓦剌部落挑起了边关战事，他们兵分四路进攻明朝，边境上立刻狼烟四起。瓦剌首领也先亲率主力部队，攻打山西大同。大同军队抵挡不住，赶紧派人马不停蹄地向中央求救。

大太监王振发现了可以炫耀武功的机会，就怂恿明英宗朱祁镇御驾亲征。亲征？打仗可不是遛猫逗狗，领导连打群架都没见过，直接就上战场啦？这下，连那些平时拼命巴结王振的官员，也都变成了反对派。但朱祁镇一向认为，真理都掌握在王振的手里，就不顾大伙反对，火急火燎地凑了五十万大军，不管老弱病残，能走路的都拽上，奔大同出发了。

也先听说明朝皇帝大驾光临，故意往后退。明军走了很远都没有遇到抵抗，王振对朱祁镇说："蒙古人看皇帝您亲自出马，吓得都逃跑了。"朱祁镇一听，真以为自己有隔空驱魔的内功呢，就命令大军全速前进。

庙堂真相

瓦剌兴盛史

蒙古人被驱出中原后，回到蒙古高原，长城以北的广大地区仍然在他们的控制之下。14 世纪末，蒙古分裂，各部族间互相厮杀，其中以瓦剌与鞑靼二部实力最为强大。后来瓦剌趁明朝国防军攻击鞑靼时，埋头苦干，把鞑靼击败，成为漠北的唯一主人。1414 年，朱棣北征，瓦剌受到皮外伤。1439 年，瓦剌在首领也先的统治下，实力达到全盛，明帝国的北部边境乌云滚滚。1454 年，也先被谋杀，瓦剌衰落，鞑靼又起。

官员们感到势头不对，纷纷劝阻王振。王振早就听惯了逢迎拍马，对唱反调的一概不理，直到他的一个死党太监从大同逃回来，告诉他前线战败的惨状，并且说：“也先的实力很强，他退兵绝不是被吓跑，而是诱敌深入的计策，如果再往前走，就要进入他的包围圈了！”王振这才恍然大悟，下令撤军。

也先等了几天，发现明军没有进他的包围圈，就主动出击追了过来。朱祁镇赶紧派出一批批肉盾前去抵挡。由于王振独断专行，他们在撤退的途中走了很多弯路。

八月十五这天，也先的骑兵踏着三万明军的尸骨追杀过来，在河北怀来附近的土木堡，把明军团团围住。

这是一处没有围墙也没有水源的秃岭，十几里外有一条河，但明军只能望河兴叹。几十万人又渴又饿，被围困了两三天，士兵们都躺在地上，直想骂王振的老娘，谁也没有心情更没有力气打仗。

这时候也先派人来议和，这可是好事情，难道也先菩萨心肠要放咱们一马？王振发现了救命的稻草，赶紧让皇帝派人去谈判。

也先假装表示诚意，向后退了十几里，把那条河让出来。明

社会风情

以红色为国色

中国历史上，历代所定或所推崇的颜色各有不同：夏尚黑，商尚白，周尚赤，秦尚黑，汉尚赤，唐服色尚黄、旗帜尚赤，宋亦尚赤。洪武三年（1370）五月，朱元璋批准礼部的意见，定赤（红色）为国色。

军看到河流，都不顾一切地跑去喝水，军队一下子乱了套，蒙古骑兵这时从四下里杀出来，把明军杀得不分东南西北，抱着脑袋四处逃散。

朱祁镇这会儿很淡定，他站在高处，看到大势已去，跑也跑不了，索性就坐在地上束手就擒，他的王先生也不知跑到哪儿去了。一群蒙古兵跑过来，上下打量了几眼，这个主，千军万马中临危不乱，穿戴打扮也比别人金贵，肯定不是一般人，就把他带去见也先的弟弟赛刊王。大王！大王！俺们抓着一个值钱的！

赛刊王两眼瞪得溜圆：“你是谁？报上名来！”朱祁镇一抱膀，也不回答，反而不慌不忙地问他：“你是也先，还是赛刊王？还是蒙古的大将军？”

赛刊王一看，瞧这气质，肯定是明朝的一个大官，赶紧向也先报告了。也先找来出使过明朝的人辨认，发现竟然是明朝的皇帝！这简直是一个天大的馅饼拍在他脑门子上了。

朱祁镇的护卫将军还在忠于职守，跟蒙古骑兵搏斗，当得知皇帝已经被抓走，气得暴跳如雷，这时他发现了躲藏在角落里的王振，抡起手中的大铁锤，一下就砸碎了王振的脑袋。

社会风情

蒙古贵族在明朝

元朝的贵族称为“正户”，明太祖时期，把“正”字底下的一画，带笔略挑，就把这贵为“正户”的来了个头朝下，成了“丐”户。凡是蒙古部落子孙流寓中原者，朱元璋都令人将他们的名字编入户籍。其在京省，谓之乐户；在州邑的，就称为丐户，男称为贫子，女称为贫婆；其聚族而居之处，谓之贫巷。男以掏粪、拉纤为业，妇则习浆洗、缝穷，受役于殷实高贵之家。

大明的皇帝被俘了，随行的文武大员一百多人几乎死光，军兵死亡几十万。消息传到北京城，皇宫大殿里哭声震天。国家不能没有皇帝，皇太后只好让朱祁镇的弟弟朱祁钰代理办公，后来因为朱祁镇一直被也先挟持，回国的日子遥遥无期，在大臣于谦的主张下，大家拥立朱祁钰正式做了皇帝。

向历史借智慧

人应该有所畏惧

生活中经常有一些人，因为一向被奉承、娇纵惯了，就无法无天，什么事都敢做，什么险都敢闯，总以为把天捅个窟窿也没人敢拿自己怎么样。这不，明英宗带着王振，一闯就闯出大祸来了。经历过磨难的人，会懂得一个“怕”字，也就是有所畏惧，比如闹市上不飙车。

于谦守北京

瓦剌首领也先抓到了朱祁镇，实在是喜出望外，大明朝的皇帝，那可是一张无限透支的信用卡，到哪儿不提点款子出来？他挟持着朱祁镇四处去招摇撞骗。可是没多久，明代宗朱祁钰上台了，他这张卡就算挂失了。这可把也先气坏啦，一激动他就想夺取北京，重建大元帝国。

朱祁钰把主战派官员于谦任命为兵部尚书，京城内外军民同心，誓死保家卫国。

于谦集结了二十二万军兵，分列在北京九门之外。

景泰元年（公元1450年）十月初九这天，于谦下令关闭京城九门，在作战期间无论发生任何情况，都不能开门。于谦发布了一条纪律：开战以后，如果将领不顾士兵临阵脱逃，士兵可以把将领砍死；士兵扔下将领逃跑的，后面的人就可以把逃兵砍掉！现在没有退路了，大家都成了敢死军，只有“背墙一战”！

玩笔墨出身的于谦，现在身披铠甲，热血澎湃，他对将士们说：

名臣风骨

于谦

于谦（1398—1457），字廷益，号节庵，官至少保，世称于少保。于谦是进士出身，做过御史、兵部右侍郎（国防部副部长）、兵部左侍郎（国防部第一副部长）。于谦曾写过一首《石灰吟》的诗，以诗咏志，表达了作者不畏艰难、清白做人的志向和决心，这首诗传诵至今：千锤万凿出深山，烈火焚烧若等闲。粉骨碎身浑不怕，要留清白在人间。

“兄弟们！国家养兵千日，用兵一时，如今大敌当前，我们务必一战而胜，上保国土，下保家园。为了我们的父母妻儿，与敌人拼死一搏！”

十月十一的黎明时分，瓦刺骑兵逼近西直门外，不等他们立稳脚跟，于谦就派出一支精兵迎头痛击，把瓦刺的先锋军杀死几百人。首战告捷，明军的士气一下高涨起来。

当天夜里，于谦又派兵奇袭瓦刺军营，瓦刺军兵长途跋涉，正想睡个好觉，不过在别人家门口，能否睡踏实可由不得他们，很多人梦还没醒就上了西天。

一连串的打击让也先晕了头，咱在土木堡击溃了明朝五十万大军，这才有了图霸中原的雄心壮志，怎么到了北京就接连吃亏呢？同样是明朝的军队，差距咋就这么大呢？

有一个被俘的太监想要讨好也先，就给他出主意说：“听说现在的国防部长是于谦，明军就是有了他，才不好对付。大王不如派人与朝廷议和，就说送英宗皇帝还朝，让于谦亲自来接，嘿嘿，他一来，咱就把他扣住，问题不就好办了吗？”

也先觉得这个主意很好，就派人去送信。朝廷派来一拨儿人，

庙堂真相

明初没有“万岁”

凡遇正旦、圣寿朝贺，群臣行礼三呼万岁。朱元璋认为所谓一万岁都是假的，所以洪武二年（1369 年）正月二十八日告谕群臣，废止三呼万岁，并提议改成：一呼愿君有道，二呼天下和平。最后大臣们商量说，还是三呼的好，改成：一呼天辅有德，二呼海宇咸宁，三呼圣躬万福。从此就按这个办法，所以明初时是没有三呼万岁的。

但也先说，接皇帝这么大的事，就派这些小虾米来，太没诚意了吧？怎么也得于谦来，否则皇帝怎么好意思回去啊？

这些人回去向朱祁钰汇报，朱祁钰不明白什么意思，就派人去问于谦。于谦当即拆穿这个诡计。朱祁钰更生气，别说是个诡计，就是真请回这张废票，对咱有啥好处？咱巴不得他不回来，就不理也先了。

也先阴谋失败，马上恢复了本相，集结全部兵力猛攻德胜门。

于谦派出小股人马，边打边退。也先心想："明军的实力不过如此，我大部队一上你们就害怕了。"于是就在后面狂追，一直追进于谦的包围圈。等也先的精兵全部到位，顿时伏兵四起，火炮齐发，也先的弟弟和一名大将中炮而死。

也先抱着侥幸的心理又转攻别的城门，但是也都无功而返。

战斗打了大半个晚上，第二天清晨，于谦再次主动出击，猛攻瓦剌军营，瓦剌士兵拼命抵抗，战斗异常激烈。附近的老百姓也拿起锹镐投入战斗，有的爬上房顶，向瓦剌军兵"空降"石块，一直打到第三天，客场作战的瓦剌军队终于崩溃了。

这场为期五天的"夺京"之战，也先没有占到半点便宜，反

野史秘闻

皇帝之位可上不可下

土木堡之变中，明英宗朱祁镇做了蒙古人的俘虏，弟弟朱祁钰在北京继位做了皇帝。后来蒙古人准备把朱祁镇放回，现任皇帝朱祁钰不乐意了，当太后和一干大臣们一再催逼他答应的时候，他恶狠狠地说："朕本来就没想过当什么劳什子皇帝，可危急时刻，你们硬要我站出来！现在又这样，你们还讲不讲理！"

而损失惨重，他十分绝望。外省进京救援的明军快要到了，眼看着就要腹背受敌，也先只好放弃了他的帝国梦，决定退兵。

十月十五这天夜里，瓦剌军兵连铺盖都没卷就偷偷地逃走了。于谦不给他们喘息的机会，命令手下马不停蹄地连夜追击，瓦剌军兵疲于奔命，只嫌两条腿不够使唤，完全没有了在土木堡的威风。沿途各地的老百姓也不放过痛打落水狗的机会，也先狼狈不堪，夹着尾巴逃回漠北老家。

瓦剌部落从此衰落下去，大明朝则摆脱了几乎夭折的厄运，又开始了漫长而昏暗的统治。

向历史借智慧

潜力是激发出来的

行为心理学家指出：往往人在身处绝境的时候，能够激发出难以想象的潜力，做出超出自己能力的事，但前提是不要自暴自弃，不能甘于失败。所以在危难面前，一定要相信自己，你能行！

夺门之变

打了败仗的也先在逃跑时，仍然死死地攥着废票朱祁镇。但是对于战后贫瘠的瓦剌部落，继续养着他，除了浪费粮食，再没有别的意义了，于是也先就主动把他释放了，也好做个人情。

这个人情，朱祁钰并不想领。多亏于谦打保票，说朱祁镇不过是回家养老，大明的家底都让他败光了，群众的眼睛是雪亮的，就算让大家选，谁也不会投他的票。朱祁镇这才得以回到老家，得到一个尊称——太上皇。

在朱祁钰眼里，这个太上皇仍然是个眼中钉、肉中刺，总担心他有复辟的企图，就把他软禁在南宫。为了便于监视，防止他跟外人来往，他还把南宫的树全都砍光，朱祁镇只能生活在光秃秃的大院里。

景泰八年（公元 1457 年）正月，当了八年皇帝的朱祁钰，得了一场重病，他的太子早就夭折了，接班人的位子一直没有着落，大臣们都为此议论纷纷。

庙堂真相

朱祁钰这个人

朱祁钰（1428—1457），史称明景帝，又一位仁爱皇帝。朱祁钰的生母本是造反王爷朱高煦的丫鬟，朱王爷被明宣宗活捉后，这个丫鬟被没入后宫。明宣宗有次在后宫见到这丫鬟，双方你来我往了半天，就有了朱祁钰。但因为朱祁钰的老娘是丫鬟，所以后宫的女人们都不待见这娘俩，娘俩只能住在宫外。"土木堡之变"后，朱祁钰一下成了皇帝。

大将石亨发现了机遇，他勾结逃命派失意政客徐有贞，还有太监曹吉祥，密谋发动政变，迎请朱祁镇复位。如果能立这么大的功，还愁不能飞黄腾达？

曹吉祥偷偷到南宫向朱祁镇传递消息，朱祁镇听说有人要拥护自己复辟，激动得不得了，盼星星盼月亮就等这一天。其实有些大臣正在考虑通过正常途径使朱祁镇复位，他本来可以堂堂正正地光复，却非要搞得跟偷鸡摸狗一般。

正月十六，朱祁钰的病情稍有好转，就宣布第二天要上早朝。这天夜里，石亨造谣说边关报警，让自己的亲信把守各个城门，又用事先准备好的钥匙打开长安门，带着一千多名军兵，在曹吉祥的引导下，直奔南宫。

南宫大门紧锁，石亨命人砸墙撞门，最终破门而入。

终于有了出头之日，朱祁镇已经迫不及待，石亨一边拥着朱祁镇登上车辇，一边喊士兵过来拉车。士兵不知道他们在搞什么鬼，惊慌得不知所措。这时徐有贞赶紧过来，拉着车辇就走。

他们拉着朱祁镇从东华门进了宫，守门的太监看他们形迹可疑，就过来盘问。朱祁镇在车上大喊：“我是太上皇！有要紧事

庙堂真相

互相提防

朱祁镇被俘期间，曾流泪对前往探望他的礼部侍郎李实说：“也先有意送我回去，请你转告朝廷，我回去后，只求做一个平民，便心满意足了！”回来以后，被安排在南宫居住，不但有锦衣卫“看护”，还将南宫的大门上锁并灌铅，日常的饮食衣物都是从一个小窗户递送。

进宫！”太监一想，这种事最好别掺和，就假装看不见让他们进去了。

这群人拥着朱祁镇一直来到奉天殿，殿前侍卫出来阻止，朱祁镇又亮出太上皇的身份，于是侍卫也靠边了，毕竟都是皇帝，得罪谁都没有好果子吃。

朱祁镇看到了久违的龙椅，赶紧一屁股坐上去，这就算复位了。曹吉祥跑去击鼓升朝，宫门大开。大臣们上殿是有礼仪的，都低头看道不能东张西望。一大早天还没亮，所以谁也没看清殿上坐的是谁，就跪在地上三拜九叩，山呼万岁。朱祁镇乐得合不拢嘴，赶紧说："各位爱卿平身！”大伙一听，这声音不对呀，再睁大眼睛一看，皇帝被调包了！大臣们你瞧瞧我，我瞧瞧你，这咋回事呀？这时候徐有贞站出来，摆出一副高傲的姿态宣布："太上皇复位了！还不向皇帝祝贺？”脑子转过弯的就赶紧说："恭喜皇帝，贺喜皇帝！”有转不过来的还在那发呆呢。朱祁镇也不勉强，自己找台阶说："你们该干吗干吗，一切如故就行啦。”曹吉祥赶紧安排张灯结彩，给朱祁镇举行登基仪式。

折腾到中午，一切就不如故了。朱祁镇下诏逮捕于谦等人，

野史秘闻

宦官子弟做天子

明英宗复辟后，重用大太监曹吉祥。曹的养子曹钦曾经咨询门客冯益，说："自古有宦官子弟做天子的吗？”冯益回答："有呀，你们家魏武（曹操），不就是宦官（曹腾）的孙子吗？”

就是拥立朱祁钰上台的那些人，把他们都投进监狱。

于谦下了狱，这伙无耻之徒给于谦定了“意欲谋反”的罪名，判为死刑，这成为继南宋岳飞“莫须有”罪名之后又一桩千古奇冤。

代宗朱祁钰被废为成王，不久后病死。朱祁镇复辟成功，改年号为“天顺”，开始了他的第二段皇帝生涯。

向历史借智慧

何必枉做小人？

朱祁镇复辟事件，是历史上很重大的一件事，它为后世皇帝上了很重要的一课，也向我们揭示了人性的丑恶。太看重自己的人，往往被别人所鄙视。本来可以正大光明做的事情，偏要偷偷摸摸地做，是因为怀揣着小人之心，不知道世界上还有君子。

刘大夏藏图

公元1477年，明英宗朱祁镇突然对郑和当年下西洋的事很有兴趣。皇帝有兴趣，下属必当全力以赴。一些太监就跑到兵部尚书项忠那里索要郑和当年的航海材料。项忠见是皇帝派人找资料，不敢怠慢，就命令文书管理员去找。

兵部侍郎刘大夏听说了，偷偷地把郑和航海的那些资料都藏了起来，那个管理员找了半天也找不到。

项忠又派别人去找，连耗子洞都掏了一遍，还是找不到。项忠怕皇帝怪罪，就质问那个管理员："这么重要的资料怎么可能弄丢呢？"

刘大夏赔个笑脸把项忠拉到一边，对他说："当年三保太监下西洋，光显示大明的威风啦，但你知道老百姓都过的什么日子吗？那是个劳民伤财的事情。就算那些资料还在，也该销毁掉，不该再来第二次啦，何必追究它还在不在呢？"

项忠也是一位正直的官员，听刘大夏说得合情合理，心里头

社会风情

明初的海洋政策

明初朱元璋时期，发布了多次命令，禁止出海：1371年，宣布"仍禁濒海民不得私出海"；十年后，宣布"禁濒海民私通海外诸国"；1384年，"禁民入海捕鱼"；1390年，诏户部"申严交通外番之禁"；1394年，甚至下令"禁民间用番香、番货"。总的来说，闭关锁国是明朝海洋政策的主流。

很佩服。他给刘大夏作了个揖，感谢他的教诲，又指着自己的椅子说："兄弟你通晓国家大事，又能仁义爱民，当咱的副手真是白瞎啦，以后你坐我这个位子。"

项忠去跟太监们说，那啥，你看这里的资料成千上万，咱也没有百度，只能一本一本地找，你先回去，该吃吃，该喝喝，等咱找着给你送去啊。就这么把这件事拖延搪塞过去了。

到明宪宗朱见深继位后，安南（越南）国王攻打老挝，结果遇到一块硬骨头，偷鸡不成还蚀了一把米。

安南以前是中国的藩属国，明宣宗朱瞻基在位时放弃了对安南的统治。太监汪直好大喜功，觉得这时候攻打安南国是个可乘之机，自己更可以借机发点战争财，他就鼓动朱见深征讨安南。

朱见深听信汪直的话，也蠢蠢欲动地想要建功立业，就派人到国防部索要永乐年间征讨安南的军事记录。刘大夏知道后，把征安南的资料也藏起来了。

这时的国防部长是余子俊，他派管理员找这些资料，又没找到。余子俊没法交差，就把那个管理员抓起来鞭打，可怜这个管理员被打得奄奄一息，也说不出资料到底在哪儿。

社会风情

葡萄牙地图中的中国船

约于1459年完成的《毛罗世界地图》中，记录了一条重要信息：大约1420年，有一条大船横越印度洋，通过迪布角外的男岛、女岛，绕过好望角，取道绿色群岛和暗海，向西和西南方向连续航行四十天后折回，又在第七十天回到迪布角。据今人考证，这艘闯入了葡萄牙人视野的中国船，很可能就是郑和的船队。

刘大夏看到管理员倒了霉，实在过意不去，就在一天夜里偷偷去找余子俊，向他“自首”说，老兄，别再打那个管理员啦，我知道资料在什么地方。余子俊赶紧问，在哪儿呢？

刘大夏坦白交代了：叫我藏起来了。余子俊惊得张大了嘴巴，刘大夏！你想要干啥？脑子叫驴踢啦？

刘大夏说：“打死了管理员，是一条人命的事；如果出兵征伐安南，要有多少人无辜惨死啊？边关必将再度陷入混乱，这仗打起来不是一年两年能完事的，于国于民有什么好处啊？！”

余子俊也是顾全大局的人，他被刘大夏的大义所感动，就放了那个管理员，今儿拖，明儿拖，慢慢地也让皇帝放弃了征讨安南的打算。

向历史借智慧

刘大夏的功与过

郑和的航海图遗失了，到现在还有很多人大骂，哪个败家子把这么重要的资料弄丢啦？那可是中国人航海水平的历史见证。确实，那些资料丢失后，很多外国人被尊为“第一个环游世界的人”“第一个发现美洲的人”……可是，从另一方面来说，郑和下西洋就好比一个耗资巨大的形象工程，所以这些资料的遗失，也为老百姓换来了安宁的生活，保证了国家财政的稳定。

世人只知有汪直

明宪宗朱见深，大半生都沉迷于那位比他妈还大一岁的万贵妃。因此，万贵妃身边的太监汪直，也得到了鸡犬升天的机会。

朱见深无比昏聩，他为了能够洞察天下，在原有特务机构东厂的基础上，又设立了西厂。

西厂的第一任长官就是汪直。为了充分证明西厂存在的必要性，汪直大肆制造冤狱，滥杀无辜，上任不到四个月，就“查明”十几桩谋反的大案要案，波及各门各类的大小官员。仗着万贵妃撑腰，他谁都敢踩。

那年月，诅咒人最狠毒的话，不是“出门被车撞死”，而是“叫你明天进西厂”。

当个特务头子还满足不了汪直的胃口，他还想掌握兵马大权。于是，汪直瞄上了兵部侍郎马文升（尚书是汪直的亲信）。

他四处抓马文升的小辫子，但是抓了一阵儿一无所获，不过这也难不倒他，栽赃陷害那是汪直的强项。

庙堂真相

明宪宗朱见深

明宪宗朱见深，即有名的成化皇帝，他是明英宗的长子，“土木堡之变”中老爸明英宗被瓦剌掳去，叔叔明代宗即位，朱见深被废为沂王；1457 年英宗复辟，朱见深又水涨船高，被立为皇太子。宪宗于 1464 年登基后，为于谦平反，为叔叔代宗平反，又能体谅民情，励精图治。在位末年，好方术，终日沉溺于后宫，和比他大十九岁的万贵妃享乐，并宠信宦官汪直等人。1487 年，万贵妃去世，八月，宪宗驾崩，时年四十一岁。

汪直在皇帝的耳边吹风：马文升汇报边关早已臣服，既然臣服他怎么还上报军功啊？报军功那是还在打仗啊，还在打仗怎么算是臣服呢？臣服又打仗那不是无端挑事？

朱见深本来脑子就浑，这么一绕更糊涂了，看来这个事情蛮复杂的，那汪爱卿就查一查吧。

汪直到边关逛了一圈，打听到马文升曾经下过一道命令：禁止买卖精良铁器，指的是刀剑之类。

汪直回来向朱见深报告说："马文升限制边民使用农具，老百姓不满，都要造反哪！他八成是想发战争财吧。"于是马文升就被炒了鱿鱼。

赶走了马文升，汪直就玩起了兵权，他率领军队到边关耀武扬威，见到老弱妇孺部队挥刀就砍，遇上青壮年部队则拔腿就跑，回来他跟皇帝报告说，咱在边关打败了入侵的敌人。

官员们不堪汪直的欺压，多次向皇帝告汪直的状，但是皇帝始终认为江直是为国除奸，赤胆忠心。

汪直在外残害官民，在后宫也作恶多端，为了帮助万贵妃取宠，连皇妃皇子他都敢害，宫里宫外的人对他无不恨之入骨。

名臣风骨

明朝好太监

明朝太监臭名昭著，但也有好太监。明成祖时代的大航海家郑和，就是一名太监。还有一名太监何鼎，浙江余杭人，性忠直。有一次，因得罪国戚寿宁侯张鹤龄，被明孝宗下大狱。审判官问他谁指使的，何鼎答："孔子、孟子！"

宫里有个小太监叫阿丑，多才多艺，常混在戏班子里一起演戏，朱见深很喜欢看他表演。

有一次，朱见深又在后宫看戏，阿丑演一个醉汉，拎着一个酒葫芦，东倒西歪就上台了，一边走一边还胡言乱语，说得一套一套的，把朱见深逗得开怀大笑。

正在这时，上来一个官差，过来就对阿丑吹胡子瞪眼，还冲他大吼："大官儿来了，闲人赶紧靠边站！"

阿丑连理都不理，反而大骂道："大官儿能把我怎样？老爷在此饮酒，不要惹恼了我。赶紧绕道滚蛋！"

这个官差转了一圈又回来，大声喝道："皇上驾到！"

阿丑坐在地上不起来，拎起葫芦喝了一口酒说："不要胡说，皇上正在梦中，还没有醒呢！"

官差见他不肯起来，忽然大喊一声："汪太监驾到！"

阿丑一听，马上连滚带爬地跑开了。跑了一圈，被官差抓住，阿丑慌忙跪在地上求饶。

官差就问阿丑："我刚才说皇上驾到，你都不走，怎么听说汪太监来了就吓成这样呢？"

野史秘闻

且留孙权守大门

明初时，朱元璋和刘伯温、徐达、汤和一起游南京钟山，要选一块地方将来建皇帝墓陵，大家选好地方后都先不说破，写下来藏在衣袖里，最后拿出来一对，结果几个人选的都是同一处地方，就是后来的明孝陵所在地。陵寝大门左边有一座孙权墓，大臣们请示朱元璋，要不要把孙权墓移走，朱元璋说：孙权也是一条好汉子，就留着他把守大门吧。

阿丑说：“世人只知有汪太监，不知有皇上！”

朱见深听到这里，心里不觉有所醒悟。想起官员们告汪直的那些罪状，难道真是这样？

朱见深从此疏远了汪直，后来把他贬到南京，不让他回京城，汪直一直到死也没能再见到皇帝。

向历史借智慧

说话是一门艺术

官员们一个劲地弹劾，明宪宗都无动于衷，而阿丑一句“世人只知有汪直，不知有皇上”，一下子就点中了宪宗的要害，从而达到了万千检举信都无法实现的效果，这就是说话的艺术。同样的事情，有人说了让人相信，有人说了人家就不信。可以说，说话的方式直接决定了说话的效果。

刘瑾乱朝

明武宗朱厚照在位时，有个太监刘瑾，人称“立地皇帝”。

朱厚照当太子的时候，刘瑾就带领手下的太监，不断发明新式玩具，献给太子，还组织各种表演秀和体育比赛，使太子沉迷其中。

朱厚照十五岁登基当皇帝，刘瑾又发明了新玩法，在宫中仿造商铺妓院，朱厚照整天不是逛街就是召妓，正事一点儿不干。

皇帝玩得不亦乐乎，大臣们恨铁不成钢，于是联名写信，要求严惩祸国误君的刘瑾之流。

朱厚照没见过这样的阵势，一下没了立场，就想要妥协。刘瑾一看大事不好，马上表示愿意发配南京。但是有两位老顾问主张把他们斩首，以绝后患。眼看要没命了，刘瑾和他的同党们立即发挥表演天赋，跪在朱厚照身旁，声泪俱下地说：“我们侍奉皇帝这些年，无不尽心尽力，打狗欺的是主人，大臣们是看不得皇帝欢心啊！”

庙堂真相

刘瑾是超级富豪

有一年，《亚洲华尔街日报》曾经列了份有史以来超级富豪榜单，中国明朝的大宦官刘瑾名列其中。据专家分析说，刘瑾收受贿赂所得合为 33 万公斤黄金、805 万公斤白银，而李自成打进北京时，收缴崇祯一年的全国财政收入仅为白银 20 万公斤。两个数字一对比，就可以知道这位刘大款到底有多富了。

朱厚照一想，是呀，说是收拾这些太监，其实不就是想限制咱的娱乐生活嘛，这些大臣，管得也太宽啦！不让吃喝玩乐，咱当皇帝干啥？再要干涉咱的私生活，别说咱不客气啦！

老顾问还想据理力争，俺们决不跟这样的小人一同共事，不惩处刘瑾，俺们就告老还乡，不干了！

这么一说，反而正中朱厚照下怀，辞职是吧？朕准了！卷铺盖走吧。

假戏做成了真，这俩顾问只好背着行李回家了。

领头羊一走，别的大臣也不敢再坚持了，刘瑾赢了，他发誓一定要掌握权力，好好收拾这群不听话的大臣。

朱厚照贪玩怠政，刘瑾偏偏在他玩得正起劲时，拿来一堆折子请他批阅。皇帝把眼一瞪，咋这么没眼力见呢？这点小事你就不能替咱办了？

刘瑾要的就是这话，从此就替皇帝批阅起奏折来，渐渐发展为篡改奏章，代下圣旨。

公元1508年的夏天，有一次早朝，在大殿上出现了一封匿名信，是揭发刘瑾违法乱纪的状子，还说朝中多有贤臣，皇上应该

庙堂真相

大老板朱厚照

1409年，明朝在京城开始设立官店（国营企业），时间流逝，到明武宗朱厚照时，已经发展到两百多家。明武宗把其中一些店铺占为己有，成了他的私人店铺。皇帝成了商业场上的后台大老板，而"董事"和"经理"则由皇帝的亲信太监们担任。

近贤臣而远小人。

这下可捅了马蜂窝，为了查出这篇大作的作者，刘瑾命令全体官员跪在奉天门外。当时烈日当空，骄阳似火，官员们被晒得口干舌燥，大汗淋漓。

有个太监于心不忍，就给官员们送去冰块解渴，结果被刘瑾臭骂了一顿。另一个太监也觉得他太过分，发了几句牢骚，刘瑾当即下令把他发配到南京。

官员们跪了一天，肚子里像着了火，有几个体质虚弱的相继中暑而死。到了晚上，刘瑾把五品以下的官员都投入锦衣卫监狱。

后来他查到这封信是来自太监集团内部，才把官员们放回家。

刘瑾为所欲为，不可一世，他觉得朝廷内外已经没有了对手，自己简直就是独孤求败。他琢磨着，咱都混到这个高度了，只要把朱厚照扒拉到一边，那皇帝的位子不就是咱的？于是刘瑾就私刻了一枚皇帝印章，还有出入宫廷的令牌，偷偷打造兵器，伺机篡位。

刘瑾横行无忌，不仅害苦了大臣，也殃及太监群体内部，渐渐地成了朝廷内外的公敌。

野史秘闻

刁钻考官

浙江学政李贤在省试时微服私访，看到有两考生在下棋，一考生甚至大言不惭地说："用不着复习，上榜没问题。他李贤总不能出道含有一百个人名的怪题来刁难我们吧？"李贤无名火起，回去后真出了一个怪题："孔门七十二贤，贤贤何德？云台二十八将，将将何功？"结果没有一个人答得上。

太监张永也是皇帝身边的红人，他在宫里掌管很多部门，兼职最多。刘瑾发现他的地位渐长，怕他爬到自己的头上，就想把他贬到外省去。为此，张永与刘瑾当着朱厚照的面打了一架，朱厚照从中调停，后来不了了之。张永怕有一天遭刘瑾迫害，就想找机会除掉他。

就在这个当口，边藩的亲王也看不下去了，正德五年（1510年）四月，安化王朱寘镭发动兵变，喊出的口号就是剷除刘瑾。

朱厚照派张永和老臣杨一清去平定叛乱。

张永也曾是大臣们攻击的目标之一，而杨一清是个贤臣，这俩人看似应该水火不相容，但是他们在平定叛乱的过程中，结下了深厚的友谊，树立了共同的目标——除掉刘瑾！因为刘瑾已经威胁到所有人的生存。

班师回朝之后，朱厚照在宫中摆宴庆功，张永趁着朱厚照喝得微醉，拿出安化王声讨刘瑾的公告，又揭发了刘瑾十七条大罪。朱厚照很吃惊，心中将信将疑，宫中别的太监也多痛恨刘瑾，就帮张永说话，朱厚照这才有点相信，立刻派人搜查。

在刘瑾的家里，除了查出无数金银和兵器衣甲，还搜出了私

社会风情

太监子孙多

太监这一职业在明朝迎来最后一个黄金时代，官员们倾力巴结太监，在政治上刮起一股“拜干爹风”，原本应该是“断子绝孙”的太监们，竟然个个“子孙满堂”，时人有诗称：“干儿义孙拜盈门，妙语流传最断魂。强欲为儿无那老，捋须自叹不如孙。”

刻的玉玺、玉带这样的皇帝专用物品。更严重的是，刘瑾经常拿在手里的两把扇子，扇骨之中竟然暗藏飞刀，射出足以致人于死地。这厮真的要谋害皇帝！

证据确凿，朱厚照再也无法容忍，判处刘瑾凌迟之刑。

当年八月，刘瑾被千刀万剐而死，被刘瑾害过的人家，都争着用一个铜钱买他的一块肉来吃，以解心头之恨。

向历史借智慧

堡垒最容易从内部攻破

利害关系严重对立的两方，辩论起来各执一词，往往让人难以判断，但是如果谁的同伙出来揭发，准会成为确凿的证据。这就是堡垒最容易从内部攻破、内部的攻击力量最有效的原因，就像那句老话说的，“知己知彼，百战不殆”，内部人最清楚堡垒的弱点在哪里。

“天才”明武宗

明武宗朱厚照是个“独生皇子”，因为他爹孝宗是个好男人，从不拈花惹草。人家不像别的皇帝那样，霸占一群女人，生一大群孩子，然后孩子们为了皇位争得你死我活。

朱厚照是爹妈唯一的儿子，这样他的继承权没有任何悬念，从小就被太监们当作准皇帝来捧着，溺爱得不得了。

朱厚照天资聪慧，学啥会啥，他精通佛学，懂得梵文。但坏就坏在，他身边那些人个个心怀鬼胎，尽教他一些声色犬马的营生，朱厚照的聪明才智发挥不到正经地方，就长成了一个荒诞离奇的皇帝。

朱厚照的兴趣不止于玩乐，他还喜欢耀武扬威。太监们为了取悦朱厚照，专门建了一个动物园，里边养了很多猛兽，如狮子老虎之类，尤以豹子最多，所以这个动物园就取名“豹房”，朱厚照充当驯兽师，玩得非常过瘾。

朱厚照一生没有子嗣，不过他似乎并不在意，反而乐于收“义

庙堂真相

朱厚照的干儿子江彬

江彬是一员武将，被朱厚照疼爱得一塌糊涂。明代的皇帝，恐怕只有朱厚照喜欢武将，因为他有多动症。据说朱厚照有一次跟老虎比拼速度，结果被老虎咬住衣服，不得挣脱。身边的江彬腾空而起，飞起一脚，让老虎满地找牙。江彬善于察言观色，知道朱厚照喜欢什么，想要做什么，所以总能得到朱厚照的欢心。

子”，他的义子多达一百多人，地位都比一般官员们高多了。

朱厚照最大的梦想，是做一个威风八面的将军。可是作为皇帝，他也有一个遗憾，只能咱给别人封官加赏，却没有人能给咱封个官当当。不过呢，谁叫咱是天才！天才自有天才的办法。

朱厚照给自己取了个马甲，叫“朱寿”，加封为“镇国公”“威武大将军”，皇帝也有兼职啦！他在边防重镇宣府（今河北宣化）建了一座镇国府，把这儿当成自己的家。他这个家只许豹房的人和那些义子来往，大臣们一概闲人免进，这样就不用听他们啰唆了。大臣们见不到皇帝的面，有什么事都得给皇帝写信，在信里对朱厚照要以“威武大将军”相称，好满足皇帝的将军梦。

正德十二年（1517 年）十月，蒙古小王子入侵边关。别的皇帝要听说有外敌入侵，不是怒目圆睁就是愁眉紧锁，朱厚照却对即将到来的战争感到异常兴奋——“威武大将军”朱寿终于有用武之地啦！

朱厚照跟军兵们吃在一起，住在一起，一下成了军兵的偶像。他亲自布阵，指挥战斗，在应州（今晋北一带）与蒙古骑兵交战。

军事天才朱元璋的基因在朱厚照身上体现了。激战正酣的时

野史秘闻

“阁老饼”

明孝宗时文渊阁大学士丘浚有手做点心的绝活，他用糯米做的饼香甜可口，丘拿这饼给孝宗尝，孝宗也很喜欢，吩咐宫中御膳房仿做，御膳房仿不好，找丘取经，丘认为这是自己取宠的本钱，死活不说，从此逢年过节唯他能给孝宗上这道菜，人讽之，称丘所制之饼为“阁老饼”。

候，有一路明军被堵截包围，朱厚照亲自率领一支援军前去救援，他还在混战中杀死一名蒙古兵。被围的明军看到“威武大将军”的大旗，知道皇帝亲自来救他们，都万分激动，杀敌的劲头更猛了，全军斗志昂扬，把蒙古骑兵打得稀里哗啦。

双方一打就是一百多场，蒙古小王子最终不敌“威武大将军”，灰溜溜地退兵了。

这场战争被后人称为“应州大捷”。想想六十八年前，明英宗朱祁镇率领五十万大军御驾亲征，却被蒙古人抓了俘虏，成为笑柄，而朱厚照打败蒙古小王子，就像奥特曼打小怪兽，谈笑之间扭转乾坤。

为了表彰“威武大将军朱寿”的战功，朱厚照又给自己加封为太师，又多一兼职。

1520年，朱厚照巡视江南，在清江浦（今江苏淮安）的江边垂钓，不慎失足落水，被救起来之后就得了伤寒，这之后他的身体状况一直不好，第二年朱厚照死在他钟爱的豹房，年仅三十一岁。

向历史借智慧

教育孩子很重要

朱厚照这孩子，如果有好人调教，应该会成为一代明君，声望也不会低于太祖朱元璋和成祖朱棣。所以说要重视教育，重视教师的素质和品德，这关系到整个民族的素质，更关系到整个国家的前途。

王守仁擒宁王

公元1519年，朱厚照在位的末期，分封在南昌的宁王朱宸濠起十万精兵发动叛乱。

这时候，赣南巡抚王守仁正带兵要去福州剿匪，路过丰城（江西省中部）的时候，得知这个消息。王守仁迅速做出反应，他令手下赶紧进入战备状态，又发布讨逆公告，号召各地将领参战平叛。

王守仁料定宁王会图霸南京，因为南京是六朝古都，太祖朱元璋就是在南京称帝的。

王守仁掌握的兵马并不多，为了牵制宁王不去攻打南京，他使出了虚张声势的计策。

他炮制了几份公文，以两广巡抚的名义致江西各地官府，大意是说，有好几路大军约十六万人马将要分道进兵，直捣宁王的老巢南昌。途经江西各地，官员要及早准备粮草军饷，不得有误，否则按军法处置。

为保万无一失，王守仁还加上一道反间计，他给宁王的“左

名臣风骨

王守仁这个人

这位统兵打仗的王守仁（1472—1529），就是后世人们极为尊崇的大学者王阳明，心学创始人。他的心学认为，人要想成为圣贤（不被万事万物所累赘，轻易成功的人），必须要在内心寻找力量。这个理论类似于禅宗，主张顿悟。王阳明的一生，实现了儒家最推崇的三大功绩：立德（品德）、立言（学问）、立功（事业），这在古代读书人中是极其难得的。在收拾宁王之前，他就在江西用一年时间摆平了明政府几十年都无法搞定的江西乱匪。

右丞相”写了两封“密信”，“褒奖”他们二位对朝廷的忠心，并加派任务，让他们俩劝宁王赶快起兵离开南昌，他好暗中偷袭。

王守仁写好后，分别用蜡丸密封起来，派了两个心腹，一人带公文，一人带密信，潜伏进南昌城故意“泄露”给宁王的人。

宁王看到公文，心里还有些疑惑，过了一会儿，报事的又送来密信的蜡丸。宁王一看顿时生了一肚子气，他所器重的两位“贤臣”，竟然都吃里爬外，暗通朝廷！

宁王正想把他们抓来质问，那两位丞相还挺配合，偏赶到这时候进来催促说：“现在的形势，应该立刻发兵去打南京，不可错失良机啊。”这正符合了密信所说的内容。

宁王故作镇定，没有“揭发”他们俩，打算观察一段时间再说。

就这么等了半个月，十六万大军连影儿都没见着，宁王醒悟过来，原来是吹牛皮吓唬我，老子不是吓大的！他不想再错过时机，于是率领倾城之兵，出了南昌城，攻下了九江，又进军安庆。

王守仁趁这半个月的工夫，集结了八万人马，对外号称三十万，打探到宁王已经奔安庆去了，他开始行动了。部将们都以为要去救安庆，王守仁说：“安庆不必救，只要捣毁宁王的老

名臣风骨

读书做圣贤才是第一等事

王阳明年轻时就表现不凡。有一回问老师：“何谓第一等事？”人生的终极价值是什么？老师回答：“当然是读书做大官啊。”王阳明不满意，给出自己的答案：“我以为第一等事应是读书做圣贤。”王阳明两次参加会试都落榜，有人落榜后号啕大哭，王阳明却表现平静，大家以为他是受打击过度，安慰他，王阳明一本正经地回答：“你们都以落第为耻，我却以落第动心为耻。”

巢南昌，安庆自然就解围了。”

他们一面行军一面大造声势，让附近的人都知道有三十万精兵要攻南昌。

南昌城的精锐部队都被宁王带走了，剩下一些虾兵蟹将，眼望着城外人山人海，军旗招展，哪数得清是八万还是三十万，吓得腿肚子直哆嗦。王守仁下令发动猛攻，只一昼夜就攻陷了南昌。

早有人向宁王报了信。宁王正集中精力打安庆，气得暴跳如雷，明明是虚张声势，怎么假戏真做呢？老王你不按套路出牌，太不地道了！

宁王舍不得他的老窝，急忙气冲冲跑回来救援。等他赶回来，王守仁的人马已经踏踏实实地睡个好觉，吃饱喝足，恭候大驾呢。

宁王把人马带到鄱阳湖西岸的黄家渡，他向部下将士许诺，勇猛冲锋的赏金百两，负伤的赏金千两。

王守仁在离宁王不太远的地方也安下了营寨，他把八万人马兵分成五路，四路进攻，一路埋伏。

七月二十四日，战斗打响了。

宁王的军兵在真金白银的鼓舞下，确实比较勇猛，王守仁的

庙堂真相

亲王多是寄生虫

按照明制，皇子封亲王者授予金册金宝，年食禄米万石。公侯大臣见他们都要“伏而拜谒”。但他们不能从事士农工商之类的行当，只能坐吃俸禄，政府养着他们过奢华生活。据说宁王朱宸濠被擒后，早上起来发现是用铜盆洗脸，他像炸弹一样炸了起来，说：“即使没有金盆，难道还没有银盆吗？”

队伍一度招架不住。

但是几番厮杀下来，宁王的军兵也冷静下来了，千金百金，前提是到战争结束时你还活着，你才能拿到，死了一金也没有。于是积极性大大地减弱了，军队连连后退，后来无处可退。王守仁四路兵马攻守有序，直到把宁王赶到一个“最佳”的位置。

宁王一看陆上占不到便宜，他老人家带头上船了，军兵都争先恐后地跟着往船上挤。

天色渐黑，宁王把船只都集结在一起，准备开个战时会议，为了大家商讨方便，宁王命人把各船连接起来。

看来宁王不但历史没学好，就连家史也拎不清。一个半世纪之前，宁王的老祖宗朱元璋在这里大败陈友谅，就是因为陈友谅把船连在一起，中了朱元璋“火烧赤壁”的计策。那一仗陈友谅的军队死伤无数，不知养肥了多少鱼虾，一个半世纪过去了，鱼儿们都张大嘴等着呢。

宁王跟部将们正在船舱里总结、汇报、批判、鼓舞，准备下一场战役。这时风向悄悄地转变，冲着宁王这边吹来。王守仁哪能错过这等千载难逢的机会，马上派出早已埋伏好的火药船，转

庙堂真相

“儒者之贼”

终明一代，程朱理学始终是儒学正统。永乐二年，饶州府一个叫朱季友的读书人，向成祖献上了自己的著作，斥责朱熹。成祖读罢大怒，说：“此儒者之贼也。”按“诽谤先贤，毁坏正道”的罪名将朱季友抄家焚书，然后打了他的屁股，并禁止他用儒学维持生计。

瞬间引燃了宁王的会场，军兵们或是被烧死或是被淹死，剩下的只好投降。

就这么宁王成了俘虏，朱元璋泉下有知也得被他气翻背了。

宁王辛辛苦苦准备了十年，只三十五天就被王守仁给击败了。

向历史借智慧

出奇制胜，就是不按套路出招

十八般武艺，十八般兵器，各有各的套路，练家子早已滚瓜烂熟，你出这一招，他就知道你下一招是什么。如果不想让对手知道你的下一招，就不要按套路出招。出奇才能制胜，这是我们工作生活中用之不尽的一大法宝。

第三章　嘉靖王朝

杨廷和理政

正德十六年（公元1521年）三月十四这天，明武宗朱厚照去世。朱厚照一生没有子嗣，在内阁首辅杨廷和的主张下，经太后同意，迎立朱厚照的堂弟朱厚熜（音cōng）为皇帝，就是嘉靖皇帝。

太后授意杨廷和总揽朝政，他一面派人去往湖北安陆去迎请朱厚熜，一面在京城严防布控，以防止在这段“权力真空”期出现混乱局面。

朱厚照的干儿子江彬，打破常例，把驻守边关的军队调入京城，这是自古兵之大忌。但是由于朱厚照宠信他，对他听之任之，因此江彬十分骄纵狂妄。朱厚照死后，江彬的部下就怂恿他起兵造反，江彬犹豫不决。

杨廷和知道江彬迟早是个祸害，他与太监张永商讨对策，然后向太后请示除掉江彬，得到太后的支持。

杨廷和发布了一系列的整改条例，把朱厚照的游乐场所里的僧侣、武士还有美女全都遣散，还取消了皇室经营的店铺，遣返

名臣风骨

唐伯虎趣事

唐寅（1470—1523），字伯虎，一字子畏，号六如居士、桃花庵主、鲁国唐生、逃禅仙吏等，吴县（今江苏苏州）人。据传于明宪宗成化六年庚寅年寅月寅日寅时生，故名唐寅。他玩世不恭而又才华横溢，与祝允明、文徵明、徐祯卿并称“江南四才子”，画名更著，与沈周、文徵明、仇英并称“吴门四家”。关于唐伯虎的传说流传最广的是“唐伯虎点秋香”。他和这位某富豪家里丫鬟的爱情故事，被不断演绎、流传。

藩邦进京使节，当然，也遣返了江彬的边防军。

这样做看似涉及面很大，反而显不出是针对江彬了。但江彬自知深受国人憎恨，眼下局势不定，他心里也有些没底，就在家装病，暗地里打探动静。

三月十八，坤宁宫有一间新殿上梁，要举行一个仪式，江彬和工部尚书奉命参加。皇帝干爹刚死，江彬连丧服都不穿，就进了宫。仪式结束后，太监张永热情地挽留二人共享午餐。

江彬坐下就大吃二喝起来，正吃着，太后传来旨意：逮捕罪臣江彬！江彬一看不好，拔腿就跑，跑到西安门，大门紧闭，他又跑到北安门，卫士冲他大吼一声："传圣旨！请大人留步！"江彬心想皇帝刚死，哪来的圣旨？卫士们蜂拥而上，把江彬捆得结结实实。

随后，江彬被凌迟处死，家产全部抄没。

四月二十二日，朱厚熜到达北京，当天中午就举行了登基仪式，国中无君的日子总算结束了。

朱厚照在位时，荒诞古怪，杨廷和多次进谏都没有效果，他的政治才能也无法施展。

庙堂真相

以被打屁股为荣

廷杖原来是对官员的羞辱行为，但这一制度后来变了味，明朝中后期，皇帝和大臣对抗严重，有些官员以被皇帝打屁股为荣，觉得挨过"廷杖"了就是忠臣。大臣赵用贤"体素肥"，被打了屁股后让他老婆把屁股上那块肉割下来"腊而藏之"，此后就是可以拿出来炫耀的资本。

朱厚照死后，在太后的支持下，杨廷和发布了很多新政，精简宫廷内锦衣卫和宦官机构，又减免南北漕运的粮食。把那些靠走后门当官的人都罢贬为平民。

这些做法大大减轻了老百姓的负担，但是极大地打击了相关利益群体。他们扬言要对杨廷和加以报复，准备在他上朝的路上刺杀他。

杨廷和不畏强暴，照常上班不误。朱厚熜听说这些情况，给杨廷和派了一百名护卫，随身保护，让那些满肚子坏水的家伙无机可乘。

在皇权空缺期间，杨廷和总理朝政三十七天。这三十七天之中，他剿灭奸党，布政革新，对于国政民生都产生了积极影响，恶势力受到压制，正义得以伸张。由于杨廷和裁减了臃肿的宫廷机构，节省了库府开支，直到他被贬官老死之后，粮仓里的粮食还足够用几年，朱厚熜因此也称颂他的功德。

向历史借智慧

谁能够打垮一个国家

纵观历朝历代，真正促使一个国家灭亡的，并不是外来的侵略，而是这个国家内部的寄生虫。他们盗空了国库，占有大部分国家财富，致使军队得不到足够的给养，军心涣散，民不聊生，因此才会被外敌打败。所以说，最大的敌人往往来自内部，对于一个人来说，最大的敌人来自内心。

大礼仪之争

嘉靖皇帝朱厚熜（明世宗）能够坐上皇位，是因为明武宗朱厚照没有儿子，也没有同胞兄弟，经内阁首辅杨廷和的提议，就轮到了他这个堂兄弟。

这看似一个天大的馅饼，但把这只馅饼吃到肚子里，却并不容易。

在荣登皇位之前，他就被要求以“太子”的身份进宫继位，一番僵持之后，因为张太后调停，才省了这道程序。

朱厚熜登基之后，派人去接自己的母亲（父亲早亡），这时他又被要求把自己的父母称为叔叔和婶子。

朱厚熜当然不同意，在多次驳回大臣的上书之后，他决定改用怀柔政策，拉拢朝臣。

十五岁的皇帝放下架子，请杨廷和进宫喝茶聊天，希望以一颗火热的心熔化老头的铁石心肠，并且许诺加封杨廷和为太师，只要他不再跟自己作对。

名臣风骨

王阳明搞定广西

1527 年，王阳明以带病之身到达广西，将大藤峡一带的山大王连根拔起。第二年，又将田州和思州的地方军阀剿灭，明政府从此在广西"改土归流"（改变当地土著军阀世袭制，改作中央政府直接派官员到广西），广西从此太平了许多年。

杨廷和呢，茶可喝，天可聊，封我太师，坚决不要！整个一顽固不化。

这扇门打不开，朱厚熜转攻另一扇——礼部部长毛澄。朱厚熜拿出自己的私房钱——几根大金条，派一个小太监去找毛澄。

毛澄以为是传圣旨，正要跪地接旨，不料小太监“扑通”一声给他跪下了，把毛澄吓一跳，说：“你这是干什么？快起来。”

小太监不肯起，哀伤地说：“皇上让我代他向大人求情，皇上说：‘人都有父母，为何只有我不能尊敬自己的父母呢？希望大人体恤我的人子之心，不要再为难我吧。’”

小太监一边说一边从怀里掏出金条，高举双手呈给毛澄，说：“这是皇上给毛大人的，请大人笑纳。”

毛澄开始听他说得蛮凄惨，心里也生出一丝同情，可是一看到金条，立即气得直跺脚，不屑一顾地说：“我毛澄乃知书达理之人，岂是贪图钱财之辈？这样玷污我的英名！老臣只有辞官回乡了！”小太监只好夹着金条回去了。

封官送礼都不好使，朱厚熜陷入了无边的困境。但是登基后的第一次殿试，给他带来重大转折。

庙堂真相

礼仪之争

我们可以用这样一个例子来说明：一个地主娶了两个老婆，大老婆生的第一个儿子有资格继承他的一切，第二个儿子就没有权。而小老婆即使生下一条龙，也没有任何资格继承，除非他造反。这就是嫡长制。大老婆的第一个孩子是大宗，其他的孩子和小老婆生的孩子全是小宗。如果大宗没有后代，该怎么办呢？这时他就要去他兄弟那里——同父同母的、同父异母的都可以——领养一个“儿子”，现在，嘉靖就是这个被领养的儿子。

殿试进士张璁（张孚敬）给皇帝上了一道奏折，提出了N条精辟尖锐的论点论据，证明皇帝的主张是真正的人伦孝道，而那些老学究所持的观点是极度泯灭人权人性的。

朱厚熜如获至宝，准备拿着这本折子与大臣们一决雌雄。

杨廷和们看到这份奏折果然哑口无言了，甚至开始有大臣改变立场，站到小皇帝这边。

朱厚熜有了强大的理论支持，自觉腰杆硬了许多。他亲自写好一道诏书，把已故的父亲追封为兴献皇帝，母亲则封为兴献皇后。

对于这份诏书，杨廷和启动了内阁的最高权力——原封退还——不看、不议、不执行。

正当双方相持不下的时候，朱厚熜的老妈来到了京郊通州。她听说自己只能以皇帝的婶子的身份进宫，万分恼怒，儿子当了皇帝，却不能认自己的亲妈！失去儿子的老妈坚决不肯进城。当皇帝当到这份儿上，还有什么意思？

朱厚熜悲恸欲绝，他跑到后宫去找张太后，放声大哭，声称要辞职！我回家继承我爹兴献王的位子，不当皇帝了！

张太后怎么劝也不行，只好再次与大臣们协调。大臣把皇帝

名臣风骨

文雅都尽

明朝时小官见大官都要下跪，直逼把膝盖跪穿的境地。才子袁弘道尽管读书做了官，但骨子里还是个“性灵”文人，对跪在地上迎接上官感到非常羞耻，自称“文雅都尽”。

逼得要辞职，也是进退两难，如果让朱厚熜回家，再搞一个“皇帝”秀，这皇位继承岂不成了儿戏？众大臣在保全面子的前提下，做出让步，同意称呼朱厚熜的父母为“兴献帝”和“兴献后”，就是不带“皇”字。

朱厚熜也后退一步，为了让母亲早日进宫，也不差那一个字了，这下总算母子团圆。

没多久，杨廷和就给张璁安排了一份好工作，到陪都南京的刑部当小科员去了。与他“为伍”的官员，也相继被调离京城。

眼看着“张璁们”都被赶走，朱厚熜明白了斗争的关键所在，就是朝廷里要有自己的人，而且要放在重要岗位上。

那位视金条如粪土的毛澄，因为年老体衰，不得不告老还乡，朱厚熜非常愉快地批准了。

两年后，杨廷和也提出辞职，朱厚熜立即表示同意，同时把张璁调回北京，任翰林学士。

杨廷和走后，朱厚熜马上把“皇”字落实了，并且在张璁等人的支持下，进一步确认了自己与亲生父母的关系。

杨廷和走了，但他的儿子杨慎还在翰林院，他接过父亲的衣

庙堂真相

判刑行刑看眼色

明中后期，每次大审，皇帝指派的太监，张黄盖居中坐，刑部、大理寺、都察院长官坐两旁，御史、郎中以下站立。判得轻与重，全看太监眼色行事。又锦衣卫行杖刑时，监刑的太监如果两脚成“外八字”，那意思就是手下留情；如果是“内八字”，那就是要往死里打。

钵，组织一百多位“尊纲守礼”的大臣，跪在左顺门外的广场上，为天道礼法被“亵渎”而失声号哭，并且对大家说：“今天如果有人不尽全力，大家共同声讨他。”

声嘶力竭的哭声夹杂着拍打宫门的声响，惊动了朱厚熜，他虽然想不通何以至此，但也派太监一次又一次地前去劝解，可这伙人如同吃了秤砣，从早上哭到晚上，就是不起来。

朱厚熜命令锦衣卫抓走几个人以示警诫，结果哭声更加嘹亮。于是他下令把五品以下官员全部投入监狱，四品以上停薪候审，并且全部打了一顿板子，有十六人因体质虚弱，当场毙命。

后来查明是杨慎等七人带头闹事，又把这七人重新打板子，革职为民，发配边疆。

朱厚熜因为愤恨杨廷和的压制，废除了他所推行的新政，恢复了以往的弊政。

一个原本孝顺贤明的人，被这群腐儒逼成一代暴君。

向历史借智慧

教条主义害死人

大礼仪之争，在今天的人看来，简直太不可思议了，称呼叔叔还是称呼父亲，关你什么事！而饱读诗书、知书达理的大臣们一个个宁愿为之而死，像捍卫生命一样捍卫这么迂腐的一条礼教，同样让人觉得不可思议。对于这件事，我们只能叹息一句：教条主义害死人呀！

十二宫女刺嘉靖

明朝在嘉靖之前有几个皇帝，寿命很短，都是三十几岁就死了，嘉靖皇帝朱厚熜到了这个年龄段，心里就十分恐惧。

后来有一个妖道向朱厚熜进献长生不老的秘诀：用少女的初次经血炼制仙丹，以"朝露"送服。朝露就是清晨树叶上的露水。

为了炼仙丹，朱厚熜征选少女无数，逼她们吃下血崩之药，使很多少女血崩、血亏而死。由于朱厚熜经常过量服用丹药，因此性情越发暴躁，动辄鞭打宫人，不论是嫔妃还是宫女，遇上他心情不好的时候，都会被打得皮开肉绽。朱厚熜把自己讨厌的宫人都罚去采集朝露，每天天不亮就要在树丛里穿梭，很多宫女因为受风寒得病甚至死去。

朱厚熜的残暴狂虐，终于激起了史上罕见的宫女起义——十二宫女刺嘉靖。这十二位宫女分别是：王红萼、冷月儿、陈菊花、姚淑翠、杨玉香、关梅秀、杨金英、邢翠莲、唐槐香、苏迎春、张金莲、小英子。

野史秘闻

炼尿尚书

明朝中后期，朝廷多奇葩之事。大臣顾可学罢官后心有不甘，对嘉靖皇帝说自己能将童男童女的小便炼为秋石，吃了可以长生不老，嘉靖吃了后有些效果，又让顾可学官复原职。时人戏称老顾为"炼尿尚书"，笑他"千场万场尿，换得一尚书"。

事件的主要发起人，是曾被封为宁嫔的王红萼。王红萼曾经受宠很长时间，但是皇帝毕竟不是个专一的人，后来她不但失了宠，还被朱厚熜毒打一顿，之后被罚去采朝露。在她的心里，不止一次地谋划过杀死这个暴君。

嘉靖二十一年（1542年）十月的一天，宫中饲养的一只“五色神龟”突然死去。这件事情如果查起来，不知又会牵连多少人遭受酷刑，甚至惨死。

王红萼找来几名采朝露的宫女，加上她总共十二人，她对姐妹们说：“狗皇帝是不讲道理的，不如咱们先下手，总比死在他手里强。”

这些人都领教过朱厚熜的残暴，个个苦大仇深，就相继点了头。

她们找来装饰用的丝绳，搓成粗一点的绳子，决定用绳子勒死朱厚熜。

王红萼安排每个人的分工：姚淑翠用一块方巾遮住朱厚熜的脸，省得他露出凶恶的面孔吓唬人；杨金英和冷月儿勒绳子；邢翠莲压住朱厚熜的胸口；唐槐香按腰；关梅秀按左手；杨玉香按右手；张金莲按左腿；小英子按右腿；陈菊花去御膳房拖住朱厚

社会风情

明代宫女选秀

明代后宫选宫女，先是海选，十三岁至十六岁者五千人；再经过三轮筛选：第一轮，将稍高、稍矮、稍肥、稍瘦的淘汰；第二轮，检查耳、目、口、鼻、发、肤、领、肩、背，有一处不周正的都淘汰，再听声音，稍有雄厚、粗劣、难听、混浊、口吃的都淘汰；第三轮，量手足长短、粗细，看步行姿势，手腕稍短的、脚趾太粗的、举止轻浮的，都被淘汰。三轮之后，剩下约一千名，正式成为宫女。再选出三百人为宫女头目。最后选出五十人为妃嫔。

熜的宠妃曹端妃；苏迎春负责望风，发现来人赶紧报信。

分好工，王红萼带领大家演习了几遍，又一再叮嘱：记住自己的职责，别的不用管，一切按计划实施，就可以万无一失。

十月二十一日凌晨，朱厚熜在曹端妃的宫中睡得正死，王红萼带领一群姐妹悄悄潜入寝殿，隐蔽起来。因为曹端妃每天早上要去御膳房，监督御厨制膳，在这个时候下手最好。

等到了天将放亮，曹端妃终于起床奔御膳房去了，朱厚熜睡得像死猪一样，王红萼低声下令："动手！"

除了陈菊花和苏迎春，剩下的十个女子一拥而入，各司其职，按住了朱厚熜，杨金英和冷月儿把绳子套在朱厚熜的脖子上，就开始拼命地勒，姚淑翠赶紧把朱厚熜的脸捂上。

可是由于过度紧张，绳子怎么也勒不紧，王红萼赶紧让冷月儿掐朱厚熜的脖子。她们正忙得起劲，一向胆小的张金莲却惊慌失措地不知该干什么，好不容易跟上来按朱厚熜的腿，却被朱厚熜一脚踹开。

姚淑翠看绳子勒不紧，急得扔下方巾也去掐脖子。张金莲看到朱厚熜青筋暴跳的脸，不由得胆战心惊，那股奴性就占了上风，

野史秘闻

咱俩是同年

一太监问一官员何时中第，官员答"嘉靖丁未科"。太监大喜说："太好了！我也是这年被选入宫中，你我是年兄啊！"因此要换谱籍结成世交。

不自觉地跪在地上叩起头来，嘴里还念着求皇帝饶恕。

这些人也顾不上管她，用钗子扎，下口咬，但慌乱之中找不到要害。朱厚熜拼命挣扎，王红萼也上去掐脖子捂嘴，过了一会儿，朱厚熜渐渐挣扎不动了。

王红萼以为朱厚熜已死，就想带大家逃走，可是张金莲害怕了，只想求饶，早跑出去报信了，以为这样可以立功赎罪。

望风的苏迎春以为是王红萼让她出来的，就没拦她。张金莲不一会就跑到方皇后的宫中。

正当苏迎春琢磨着张金莲出来了，怎么别人还没出来呢，方皇后已经带着一群太监宫女飞奔过来。苏迎春还想阻拦，被太监一脚踹开，方皇后一溜烟地冲了进去。

里边这几个人刚松下一口气，还没等往门口走，就被方皇后堵住了。大伙一看事情败露，顿时浑身无力，都瘫坐在地上。

太监们七手八脚把行凶的宫女都捆了起来，不久，朱厚熜也醒了过来。

朱厚熜活了，十二个女子可就倒了霉。

方皇后亲自主持审讯，挨个大刑伺候，“叛徒”张金莲也不例外。

野史秘闻

爱猫人士

明世宗（嘉靖皇帝）爱猫如命，有两只小猫是他的至爱，一名雪眉一名狮猫。世宗皇帝还以帝王的身份举行礼仪，庄重地将雪眉封为“虬龙”，这举动跟春秋时嗜好养鹤的卫懿公有一拼。

王红萼因为痛恨曹端妃争宠，一口咬定曹端妃是同谋，方皇后正好也妒忌曹端妃，巴不得把她捎上。

结果，除了王红萼这十二个人，曹端妃和她的侍女巧莲也卷入其中。王红萼受封过宁嫔，她和曹端妃在诏狱里行刑，十二名宫女被押到闹市，全部凌迟处死。

向历史借智慧

执行力很重要

生活中经常有这样一些人，创意很多，兴趣很广，好点子精彩不断。但是，很多年过去了，“金点子”还是“金点子”，做成的事情一件也没有，或者干脆就没去尝试过。只有看到自己曾经的金点子在其他人那里取得了成功时，他才会发出一声懊悔：“其实好多年前我就想过要这么做啦！”历史的经验告诉我们：创意重要，执行力更重要，一个好想法、好计划，如果不能得到有效的执行，就只是一个空想。创造力很重要，执行力更重要。

青词宰相

嘉靖皇帝朱厚熜，大半生都在追求长生不老。

为了实现这个梦想，他炼丹吃药，残害宫女，恶事做尽。朱厚熜信道教，他认为他的生命是由那位高不可攀的玉皇大帝决定的。所以要想活得长久，就必须拍好玉皇大帝的马屁，就像皇宫内外的臣子嫔妃，都要拍他的马屁一样。

朱厚熜建造富丽堂皇的祭坛，召集法力高深的道士，再搜刮出字典里所有美好的词汇，写成赞美玉皇大帝的颂词，用朱砂写在青色的藤纸上，称为“青词”，看上去就像一片红花绿草。他认为，道士在祭坛上焚烧青词，伟大的玉皇大帝就可以看到，因而赐给他更长的寿命。

于是，酸腐文人得到了契机。霎时间，一批青词高手活跃起来。很多人因擅长青词的创作而飞黄腾达，官比宰相。

朱厚熜下发的诏书，字迹潦草就像蟑螂爬的一样，而且由于他的文化水平有限，经常逻辑混乱。大臣们瞪着两眼贴到纸上，

庙堂真相

严嵩发迹史

严嵩是江西人，生于1480年，1505年中进士。但只在中央皇家秘书处工作了一年，就因为老爹去世而回老家守孝。据说严嵩年轻时很有思想家的潜力，还跑去心学大师王阳明那里旁听过。后来回朝做官，一直是个小官。终于有一天，他知道大学士夏言是他老乡，于是拼命巴结，终于靠着夏言的关系混上了组织部副部长的职务，从此如同踩了风火轮，青云直上。

也常常琢磨不透到底说的是啥。朱厚熜暴虐狂躁，大臣们看不懂也不敢问，只能绞尽脑汁胡猜乱想。

严嵩是明代最著名的“青词宰相”之一，但他靠青词发家，很大程度上还是他儿子严世蕃的功劳。

严世蕃自称天才，他有一种特异功能，就是能够看懂皇帝的天书。每次严嵩拿着朱厚熜的天书回来，都让严世蕃辨认，后来干脆让他代笔写作业。严世蕃不光能看懂，还能揣摩皇帝的心意，大概他和朱厚熜的性格有某种相似吧。在赞美玉皇大帝的同时，他不会忘记把朱厚熜捧成人间玉帝，因此深受朱厚熜的欣赏。总之，凭借宝贝儿子的天才笔杆，严嵩的地位与日俱升。

严嵩得到皇帝的宠信，更肆无忌惮地贪赃枉法，收礼受贿，曾经好多次被政治对手无情地揭发，但是严嵩在官场却能屹立不倒。一方面因为上缴的青词文笔美妙，另一方面，他特别善于揣测朱厚熜的心思，就像朱厚熜肚子里的蛔虫。

朱厚熜登基早期，曾经饱受大臣的压制，他最怕大臣结党，大家都说严嵩不好，那严嵩肯定不会与人结党，一片赤胆忠心都在皇帝身上，这就够了。只要皇帝不为难他，他就能无所顾忌地

庙堂真相

一蟹不如一蟹

嘉靖时的一太监说：”昔日张先生进朝，我们与他打恭；后夏先生我们平眼看他。今严先生，与我们拱手他才进去。”张（璁）、夏（言）、严（嵩），曾先后为首席内阁大学士，即宰相，对太监的态度却越来越恭敬，真是一蟹不如一蟹。

捞钱，严嵩在一片骂声中走红。

严嵩老头子没别的爱好，一天到晚只顾讨皇帝欢心。可是严世蕃年富力强，成天拍那个看不见影的玉皇大帝马屁，难免日久生厌。终于有一天，他对老爹说：“您自己写吧，我呀，不陪您玩了。”

儿子闪人了，严嵩没办法只好自己提笔，但是他对着朱厚熜的天书常常不知所云，他写的作业也不如儿子写得好。朱厚熜以为这老头儿太老朽了，肚子里的好词用光了，于是转而宠信别的词坛新秀了。

严世蕃厌倦了青词，导致的直接后果是严嵩的失宠，失宠的严嵩终于被政敌扳倒，他苦心费力贪来的万贯家财都被抄没，严世蕃被流放，最终死于“外投日本”的罪名。严嵩被贬官回家。严嵩虽然活到了八十七岁，最后却混到连讨饭都讨不到的地步。

向历史借智慧

“青词宰相”是专制社会的怪胎

只是因为能满足皇上那点可笑的、不切实际的长生欲望，很多人就因此当上了宰相，这是专制社会里最黑暗的一面。全天下人的聪明才智都用在了满足某一个人的私欲上，这也是中国古代发明创新力不足、最终被西方工业文明超过的一个原因。我们今天一定要引以为鉴，做领导的不可学这样的领导，做员工的也不能学这样的员工。

严嵩“政以贿成”

著名大奸臣严嵩，一度很受嘉靖皇帝朱厚熜的宠信，于是他就大肆贪污受贿，中饱私囊。

为了巴结严嵩这位宠臣，官员们纷纷给他送礼，以至于全国上下形成“送礼走遍天下，不送礼寸步难行”的局面。

严嵩受宠也多亏他有一个聪明伶俐的儿子——严世蕃。这对父子搭档，不光在如何取宠于皇帝的问题上配合默契，在收受贿赂方面也是无人能敌。

严嵩七十来岁的时候，仍在担任内阁首辅，他的工作只是如何讨好皇上和打击报复政治对手，但这些已经让这个老头儿力不从心，于是很多事都是交由严世蕃处理。严世蕃也就成了官员们巴结的对象。

朱厚熜的三皇子裕王朱载垕（音hòu），后来继承了他的皇位。朱载垕的两个哥哥还在世的时候，他只是一个默默无闻的皇子，正常情况下，皇位轮不到他来继承，所以也没有人对他高看一眼。

庙堂真相

大小丞相

严嵩与严世蕃把持朝政，几乎与嘉靖朝相始终。时人称严嵩为大丞相，称严世蕃为小丞相。如果说严嵩还是靠科举上来的，那严世蕃就是野鸡大学毕业的。他根本没有学历，就是靠了老爹严嵩的关系，一步步做到了组织部副部长，后来又因为善识嘉靖文体而成为大学士，也就是实际上的宰相。

父皇对他不很亲近，严嵩父子也狗眼看人低，从没把他当回事。

作为亲王，每年自然享有亲王的薪水俸禄，但是财政部门没得到严嵩父子的命令，就一直不给朱载垕发薪水。

朱载垕三年没拿到薪水，家里穷得快揭不开锅了。他自知姥姥不亲舅舅不爱，也不敢找父皇诉苦。这位未来的皇帝只好东拼西凑，搞了一千五百两银子孝敬严世蕃，严世蕃这才告诉财政部，把朱载垕的薪水发下去。

如此过分的事，却让严世蕃觉得非常有面子，他得意地向人炫耀说："皇帝的儿子尚且要送银子给我，别人谁敢不送银子来？"

皇子都受到这样的待遇，别的官员要想开出工资来，更别提要送多少礼了，最终还不都是从老百姓身上搜刮。

这样大张旗鼓地贪污受贿，使严氏父子攒下了数不清的金银财宝，多到没有地方可放。严世蕃为了安全起见，就挖了一个大地窖，用来埋藏财宝，为了表示对父亲的尊敬，他特意请严嵩来欣赏。

严嵩平时只顾着往家里捞，还真没有仔细清点过，一看到满地窖的金银财宝，差点晕了过去。严世蕃赶紧扶住老头，拍前胸

野史秘闻

书法名家

清代顺天府乡试为"北闱"，乃天下乡试第一，可这个贡院的大殿匾额上"至公堂"三个大字，却是大奸臣严嵩所书。乾隆帝想把它换掉，便命满朝能书者写这三个大字，他自己作为喜好舞文弄墨的天子，也写数遍。然而他发现，自己的御笔和其他人所书，都不如严嵩，只好作罢。

捶后背说："看爹爹高兴的，这都是爹爹的功劳。"

严嵩总算上来一口气，对儿子说："我不是高兴，只怕大祸要临头了呀。"

其实严嵩父子肆无忌惮地贪腐和排除异己的行为，早就遭到无数人的攻击，但是每次被人揭发到无可辩驳的地步，严嵩就主动去向朱厚熜投案自首，然后可怜巴巴地说："老臣对皇上一片忠心，得到皇上的恩典，却遭到同僚的妒忌和排斥，在朝堂之上无法立足啊！"

他这样说正好迎合了朱厚熜憎恨朝臣结党的心思，所有人都攻击严嵩，说明他没有与任何人结党。这样的人在朱厚熜看来是最安全最可信的，贪污的那点银子不过是从老百姓身上得来的，对他的皇权却没什么危害。

到嘉靖末年，严世蕃又遭到大臣的弹劾，这时严氏父子已经失宠。嫔妃失宠就会身陷冷宫，朝臣失宠也一样，更何况井边早已堆满了石头，只等他们父子掉下去。

于是严嵩被罢官，严世蕃被流放，一个地窖都没装下的金银财宝，也被抄归国有，严氏父子贪的金山银山，也无福享受了。

向历史借智慧

财富太多了会砸着自己的脚

有两个人，携带了足够的水、食物和大量财宝，要穿过一片沙漠。可是才走到一半多，骆驼跑了，这下他们必须靠步行走出去。每走一步，两人都觉得累极了。一人想，我得扔掉一些东西来减轻负担，水和食物是必需的，就扔财宝吧。另一人想，水是必需的，食物也许用不了这么多，财宝太贵重了，一点财宝可以换很多的水和食物呢。故事的结局是可想而知的，生活中，每个人都在做这样的选择。身后有余忘缩手，眼前无路想回头。

胡宗宪巧灭海盗

明朝嘉靖后期，东南沿海一带的海盗和倭寇活动猖獗，此时，出任江浙总督的胡宗宪深知，治理海患将成为他的工作重点。

当时有一个海盗头子叫徐海，这个人曾经当过和尚，后来跟他叔叔一起从事海上贸易。但是叔叔向倭寇借高利贷，把他抵押做了人质，最后又无法偿还，叔叔因此被倭寇杀死，徐海选择与倭寇合作，从此开始了海盗生涯。

徐海的海盗集团拥有上万人，在他的身边还有几个海盗头目相互守望，如陈东和麻叶，都很难对付。

胡宗宪决定使用离间计，让海盗们自相残杀。

他先派人给徐海送去招降信，两天后，徐海派人送来回信，言语有礼，措辞得体，并不像是出自海盗头子之手。

胡宗宪把送信的人叫来询问，得知这封信确实不是徐海写的，而是由他的爱妾王翠翘代劳。这个王翠翘本是出自书香门第，因为父亲受人诬陷，她卖身救父，最后流落青楼，被徐海相中，把

名臣风骨

胡宗宪

胡宗宪是安徽人，1538 年中进士，先后在山东和浙江做县长。1554 年，他担任浙江巡按御史，负责打击海盗，成效显著，倭寇闻风而逃。后来受到严嵩父子的赏识，做到了兵部尚书。1562 年，因有御史弹劾其为“严党”而入狱，1565 年在狱中悲愤而死。

她娶回了家。从此王翠翘成了徐海的专用文书，徐海对她宠爱有加，凡事多听从她的意见。

胡宗宪得到了这个情报，于是派人给徐海送去一大堆礼物，还特意派一位老妇人随行，给王翠翘带去珠宝首饰。老妇人对王翠翘说："徐将军一早归顺了朝廷，傍晚就能当上大官，夫人也就是朝廷命官的夫人。到那时衣锦还乡，再也不用在海上漂泊亡命了。"

王翠翘跟随徐海在海上漂泊多年，也渴望过上安稳的日子，听老妇人一说，不免心驰神往。

公元1556年，在王翠翘的劝导下，徐海同意归顺朝廷。

胡宗宪以前因为保举一个投降的海盗做官，被朝廷里那批不做事专害人的小人弹劾，说他收了海盗的贿赂，这种事解释不清，他后来只好放弃。从此他吃一堑长一智，不敢再保举降寇做官了，所以他这次只是欺骗徐海。

胡宗宪对徐海说："你现在是朝廷的人，可是这沿海一带尚未安定，如果你能够抓住陈东和麻叶，本官定保你封官晋爵。"徐海拍着胸脯保证：这事小事一桩！

野史秘闻

戚继光怕老婆

同一时期的戚继光，是明朝的一个牛人，倭寇听到他名字腿就打战，但这样一个人却特怕老婆，典型的"妻管严"，吵架基本不还口，动武基本不还手。同样怕老婆的还有东晋叛将祖约，他老婆叫他往东他不敢往西，叫他往西他不敢往东。

麻叶和陈东不知道徐海归顺朝廷，仍然与他称兄道弟。没多久，徐海就抓到了毫无防备的麻叶，给胡宗宪送来。

等徐海一走，胡宗宪就给麻叶松了绑，让他给陈东写信，说：“徐海为求功名出卖老朋友，马上就要害你，你要及早防范，可尽快偷袭徐海，免得受他所害。”

这封信送走了，胡宗宪又通知徐海说：“麻叶偷偷送出信去，让陈东去攻打你，你可要防备着点。”这两家就打成一团。

徐海根本没把陈东放在眼里，不久就把陈东也抓来了。胡宗宪又迫使陈东给部下写信，说：“徐海投靠了官府，今天晚上还要到我部偷袭，你们赶紧先下手为强。”

陈东的部下接到信后，天色见黑就集结力量向徐海进攻，徐海始料不及，狼狈逃走了。

第二天，胡宗宪率领大批官兵围剿徐海和麻叶、陈东的残余力量。这几家失去了头领，相互争斗之后再面对大批的官军，心理上已经有所胆怯，战斗力下降，很快就被击溃了。

徐海无路可逃，心中悲愤地想着：“翠翘啊翠翘，你害了我呀！”一番搏杀之后，徐海投海自杀了。

社会风情

用茶叶换马

中国盛产名茶，西域多出良马，自明初开始，明朝在边境贸易城市设茶马司，以茶换马。当时，上等马可换茶八十斤，中等马可换茶六十斤，下等马可换茶四十斤。

被俘的王翠翘得知徐海自杀，心中万分愧疚，她向胡宗宪质问说：“你诛杀归顺的人，还有没有信用可言？”随后她也投海自杀。

胡宗宪把抓获的麻叶和陈东都斩首了。这几个海盗被消灭后，江浙一带的倭贼海盗得到一定的控制。

向历史借智慧

找对人，办对事

做事情有时就像一副多米诺骨牌，如果能抽对了关键的那张牌（找对人），就可以牵一发而动全身，所有的多米诺牌应声而倒（办对事）。在这个故事里，王翠翘就是那张关键的牌，因为她的松动，最强悍的几大海盗都纷纷溃败。而且这种效应，在处理越棘手的事情时，效果越明显。

青天海瑞

朱厚熜在位后期，昏聩荒淫，朝廷里一片昏暗，大臣们只顾讨好皇帝，贪污腐化现象严重，社会风气很差。

但是在这样污浊的官场中，有一位出淤泥而不染的大清官——海瑞，老百姓都称他为“海青天”。

海瑞早年在浙江淳安当县长，是个七品芝麻官。他平时粗茶淡饭，肉都很少吃，还让自己的老仆人种菜，以自给自足。

有一次，海瑞的老母亲过生日，他亲自到集市上去买了二斤肉，屠夫感慨地说：“我这辈子总算挣到海大人的钱了。”这件事传到别的官员耳朵里，都兴奋地传来传去，成为官场大新闻，都说：“海瑞家终于吃上肉了！今天他母亲过寿，海瑞买了二斤肉！”

海瑞不仅自己清廉节俭，对于其他高官也绝不优待。别的地方官员对于过路的大官，都要盛情款待，临走还送上一份厚礼，这产生的花费，当然是落在老百姓的头上。

海瑞为了减轻百姓的负担，张榜公告，淳安县的接待标准就

社会风情

剥皮治贪官

明朝的法律，总的来说是前期紧、后期松。明初朱元璋时，整治贪官非常严厉，只要贪污款项达到八十贯钱，就绞死示众，然后剥下贪官的皮，往里面填上草，做成人皮稻草人，挂在政府办公室里，以儆效尤。并且在各地方政府的办公楼前面，专门有一座小庙，叫皮场庙，就是剥皮的场所。据说剥皮之刑，是元朝就已经发明的，朱元璋用它来整治贪官。

是普通驿站的标准，他决不会为了招待官员向百姓收税。有些官员听说后，干脆就不从淳安走了，这下好了，连驿站标准也省下了。

江浙总督胡宗宪的儿子从淳安县经过，因为招待简陋而大发雷霆，还把驿站的差官吊起来鞭打。

海瑞得到报告后赶紧跑来，胡公子看县官来了，就自报家门，本以为海瑞会给他赔礼道歉，没想到海瑞却命令手下把他捉住，还检查了他的行囊，发现有几千两黄金。

海瑞厉声质问说："胡大人曾经下令接待过往官员不得铺张浪费，他的公子怎么会不知道呢？况且胡大人的公子一向家教甚严，怎么会如此蛮横无理？你还随身携带来源不明的巨额财物，我看你是冒充胡家的公子在外行骗吧！来人，给我打二十大板！"当差的不敢得罪胡总督，所以也没有太用力打。

胡公子被搞得丈二和尚摸不着头脑，他坚持说自己是胡宗宪的儿子，可是海瑞威吓道："大胆刁民！还敢抵赖，看我把你交给胡总督，治你个滥冒官亲之罪！"

胡公子一看，这个县官不按套路出牌，为了避免再挨板子，索性承认自己就是冒充的。心想，等我回家让我爹收拾你。

名臣风骨

明朝第一清官

鱼侃，字希直，晚号颐庵。他任开封知府时，审理案件不受请托，刚正廉洁，为时人称颂，比作包公。母亲去世的时候，不取官府一物，弃官返里，生活清贫，仍怡然自得。死后，乡里人为其立祀于乡贤祠。崇祯年间，江苏巡按路振飞为之题写墓碑，称为"第一清官"。

海瑞把胡公子搜刮来的金条元宝全都没收充公，他还给胡宗宪写了一封信，派人连人带信送过去。信上说："今有一人冒充大人的公子，四处招摇撞骗，破坏大人的声望，被我查办，特将此人交给大人处置。"海瑞是揣着明白装糊涂。

胡宗宪看了这封信，哭笑不得，他儿子一个劲嚷嚷要老爹给他报仇，胡宗宪说算啦，谁叫我平时没有管教好你，不要再惹事啦。

海瑞不仅敢于"打劫"胡家公子，连残暴的嘉靖皇帝他也敢惹。

朱厚熜常年炼丹求仙，不理朝政，海瑞决心以死进谏。他跟妻子诀别之后，一个人来到京城，给自己买了一口棺材，之后就给皇帝上了一道奏折，指出皇帝的种种错误，并且转告一句老百姓的话说"嘉靖，就是老百姓家家干净，一文不剩"，企图让朱厚熜洗心革面重新做人。

朱厚熜他爹死得早，还没有人如此教训过他，他气得把奏折摔在地上，大呼锦衣卫去抓人。不料锦衣卫头目却没有像往常一样，得到命令立即飞奔而去。朱厚熜看他没动，刚想发火，这个头目解释说："那个人不会跑，他已经和家人诀别，买好了棺材，只等皇上处死他呢。"

向历史借智慧

世上还有几个海瑞

海瑞晚年不是赋闲在家，就是身居空职，因为海瑞曾经上书建议，恢复太祖朱元璋对待贪官的酷刑——剥皮填草。那些官员十个有九个半都贪污腐败成性，哪个不怕呀？所以他们联合起来严防海瑞的复出，正所谓"官官相护"。但他们只是保住了官位，海瑞却赢得了万世人心。

朱厚熜一听，顿时气就消了，心想还有这样的人。他把海瑞的奏折拿过来又看了三遍，不觉叹息，这里边说得条条是理，让他想到了商朝的忠臣比干。朱厚熜虽然觉得海瑞说得有道理，但他并不想改变自己，他生气地哼了一声说："他想当比干，我可不想当纣王！"

在大家都认为海瑞必死无疑的时候，朱厚熜破天荒地下令把海瑞关进大牢，而没有说杀他。

两个月后，朱厚熜就死了，穆宗朱载垕继位，马上把海瑞从大牢里放出来。

朱载垕只在位六年就去世了，他十岁的儿子朱翊钧继位，就是明神宗万历皇帝。

这时张居正当着内阁首辅，海瑞的正直让张居正很顾忌，一直不肯任用他。

张居正派了一个使官去查海瑞，想找找他的小辫子。使官来到海瑞的家，看到家徒四壁，十分简陋，海瑞为了招待他，杀了家里的一头"大牲口"——一只老母鸡。

使官心里发酸，回去跟张居正一一汇报，张居正也长叹一声，算啦，不为难他啦，但还是不让海瑞入朝。

直到张居正死了以后，朱翊钧重新任用海瑞，两年之后，海瑞在任上去世，享年七十五岁。

第四章　断头政治

张居正狠斗高拱

明朝的大臣争权现象非常严重，他们为了掌握朝政大权，常常拼得你死我活。

明神宗时期的内阁首辅张居正，也是在搞垮了前任首辅高拱之后才独揽大权的。

高拱比张居正大十三岁，他们曾经同在国立大学（太学）里任职，后来都进入翰林院，又升任内阁顾问，最终都成为皇帝的老师，这实在是三生修来的缘分。

在翰林院时，很多人热衷于吟诗作赋。张居正对此不屑一顾，他喜欢研究历代治国典故，对政治表现出极大的兴趣，他经常和高拱一起讨论治国良策。张居正曾对高拱说："自从认识先生以后，我长了不少学问见识。"

高拱是明穆宗朱载垕的老师，朱载垕从小被父皇（嘉靖皇帝）冷落，姥姥不亲舅舅不爱。高拱的到来给朱载垕带来了长辈的温暖，朱载垕对高拱很尊重也很依赖。

庙堂真相

李太后

李太后是漷县（今北京通州）人，她出身卑微，在朱载垕还是裕王时，是裕王府邸里的一名宫人。后来偶然得到裕王宠幸，生下了儿子，于是母以子贵，1567 年被封为贵妃。朱载垕在位六年后驾崩，按明朝惯例，应由皇后之子继承帝位，但是皇后陈氏没有孩子。于是好运降临，李贵妃之子朱翊钧继承了帝位，即万历皇帝，李贵妃一跃而成为李太后。

朱载垕登基之初，高拱受人排挤想要辞职归隐，朱载垕舍不得他走，一再挽留，但高拱也是个驴脾气，非走不可，朱载垕只好让他回家带薪休假。这时张居正在内阁还没什么分量，总被资格老的大臣挤兑。

第二年，张居正联合太监李春，向皇帝提议召回高拱，他需要靠在高拱这棵大树下乘凉。高拱其实也等着这一天，回朝后他就执掌内阁首辅大权，张居正也跟着红了起来，还当上了太子朱翊钧的老师。

朱载垕曾经两次选拔掌印太监，太监冯保很想得到这个职位，而高拱却两次都向朱载垕推荐了别人，冯保因此怀恨在心。

可别小看太监这个群体，明朝的太监都不是一般的人。

朱载垕因纵欲过度，三十六岁就死了，临死前，他把自己十岁的儿子朱翊钧托付给高拱，并嘱咐他遇事多与冯保商量，也是意在缓和他们俩的矛盾。

高拱是朱载垕的老师，但张居正是朱翊钧的老师，朱载垕的早逝让机遇之神降临到张居正的头上，他马上与冯保达成了共识——扳倒高拱！

野史秘闻

皇帝也小气

万历皇帝的同母弟弟潞王即将结婚，需要的珠宝还没有着落，太后就来找儿子万历商量。万历皇帝说："妈，您不知道，这些年来，那帮不要脸的大臣把天下的珍宝都送给了张（居正）、冯（保）两家，搞得现在的珠宝价格是疯涨啊！"太后说："你不是把他们都给抄家了吗？去库里找找，肯定有好宝贝！"万历回答："这两个老家伙很狡猾，好东西都事先弄走了，所以什么也没抄到。"太后无语了。

张居正深知，眼下正是“拔副转正”的好时候，内阁首辅的位子，他已仰望多时。

朱载垕的死让高拱一时难以接受，不禁就在内阁办公室里失声痛哭起来，哭着哭着就自言自语地说：“圣上怎能这么早就走呢？太子才十岁，如何治理国家呀！呜……呜……”

高拱光顾着悲痛欲绝了，可说者无心，听者有意，张居正把这话告诉了冯保。

冯保立刻跑去向神宗朱翊钧和李太后说：“高拱在内阁里大呼‘十岁的小孩，怎么能当好一国之君’，实属对新皇帝不满啊！”

李太后一听，怒火中烧，难道他想另立一个皇帝？

第二天一大早，李太后就领着小皇帝上了朝，向文武群臣宣布：内阁首辅高拱专权独断，藐视圣上，居心叵测，即日起削除一切官职，责令速回原籍，不得滞留！

权倾朝野的首辅大员，就这么轻而易举地成了无业游民，可以回家种地了。

高拱被这突如其来的消息击垮了，一下子瘫倒在地上，恍惚中他看到尸骨未寒的穆宗朱载垕，还在对他说：“国家之事，就

社会风情

明朝官员的工资

明成祖起，官员工资从以实物支付改成以货币支付，此后上百年，工资不见涨，但谷价、物价上涨，官员每月领到的工资少得可怜，大家都是靠各种灰色收入乃至贪污受贿，才能让家人过上体面生活。这种非工资收入能占到官员全部收入的九成，而如果是海瑞那样的官员，不肯收受工资外收入，那就难免清贫。

劳累先生了。”

高拱眼冒金星，浑身无力，张居正把他扶起来，出了宫雇了一辆毛驴车，把他送回家。

高拱失魂落魄地回了河南老家，而张居正如愿以偿地当上了内阁首辅。

向历史借智慧

没有人是不可替代的

有一位指挥家，他一直以为自己是乐队的核心人物，不可替代，常常沾沾自喜。有一次，他参加一场演出，却忘记带指挥棒，他就想马上回家去取，但是助理却对他说：“那太耽误时间了，向别人借一支就行了。”指挥家以为助理昏了头，别人怎么会有指挥棒呢？但他还是勉强问了一句：“谁能借我一根指挥棒？”话一出口，马上有两位提琴手、一位钢琴手，都从口袋里掏出指挥棒递给他。指挥家暗自惊诧，原来有这么多人准备替代他！从此他再也不敢骄傲了。

夺情事件

明神宗朱翊钧十岁登基，登基后任命他的老师张居正为内阁首辅，开始推行了一系列新政。

张居正的新政推行了五年，提高政府工作效率，整肃军纪，国家财政方面也初显成效。可是正当他意气风发激流勇进的时候，传来了一个让他难以接受但又无法回避的消息——他父亲去世了。

在儒家思想控制的社会，古人对“孝”有着严格的形式要求。如果父母去世，这个人不管当多大的官，做多大的事，都要立刻辞职，回家守孝三年。哪怕平时打爹骂娘，只要能守孝就是孝子，否则不管你平时多孝顺，如果不回家守孝，都会变成被万人唾骂的畜生。

张居正此时面临着艰难的抉择，如果回家守孝，那他的事业必将从此中断，朝廷上的事瞬息万变，别说三年，就是三天，都足以改变他的命运，当年他搞倒前任首辅高拱，不过是一夜之间的事；如果不回家守孝，天下人的唾沫也足以把他淹得半死。难

庙堂真相

张居正的十年

1572 年，张居正向小万历皇帝进献《帝鉴图说》。1573 年，张居正与宫中太监一把手冯保联合排挤走了高拱。1576 年，张居正的学生、辽东巡按御史刘台，向万历皇帝控告张居正有十大罪，被张居正打屁股伺候。1577 年，发生了“夺情事件”。1578 年，张居正任命潘季驯治理黄河。1579 年，张居正废天下书院六十四座。1580 年，核查天下土地。1582 年，张居正死于痔疮。万历皇帝很快就追查张居正和冯保等人的罪行，万历的时代来临。

啊，难。

张居正思前想后，决定以事业为重，放弃守孝。但是他不能冒天下之大不韪，自己跑去说“我不想给我爹守孝，我还有大事没做完呢”，这话得让别人说。太监冯保是张居正的政治搭档，这事就交给他了。

于是冯保就去试探朱翊钧的意图，发现朱翊钧也不愿让张居正回家，这就好办了。

朱翊钧从登基后，朝廷大事全让张居正打理，现在他才十五岁，翅膀还没硬，所以他现在是万万离不开张居正的。

冯保给朱翊钧出主意，拍着马屁说：“圣上英明，自从圣上登基之后，天神庇佑，国富民强，奴才想着张大人必然也会以江山社稷为重。吏部尚书张瀚是张大人一手举荐的，不如让张瀚去劝劝张大人，为国‘夺情’吧。”

“夺情”指的就是放弃守孝，过去有这么个说法，如果国家遭遇重大事件，如战争、水灾之类的情况，可以打破守孝的规矩，强令大臣留职。

朱翊钧认为这主意不错，就让冯保召张瀚进宫。

名臣风骨

张居正改革

张居正改革的基本内容如下：创制“考成法”，严格考察各级官吏贯彻朝廷诏旨情况，提高内阁实权。罢免因循守旧、反对变革的顽固派官吏，擢选支持变法的新生力量。任用潘季驯督修黄河，使黄河不再南流入淮，于是，漕河直达北京。实行“一条鞭法”。张居正的改革进行了十年，据说张居正死后，国库储备的粮食多达一千三百多万石，可供五六年食用。

张居正一面暗中部署“夺情”，一面还要做出孝子的样子来，上书要求回家守孝。朱翊钧很乐意跟他唱这出双簧，于是回复不准，只让冯保给他送去一些钱粮作为慰问。

但是那个张瀚，却是个保守派。虽然皇帝找他谈话，让他劝张居正“夺情”，但他心中暗想：“张居正，你不想遭万人唾骂，就让万人骂我呀？嘿，我才不当这个替罪羊呢。”他就开始装糊涂，不提这茬。

没人提议，张居正心里可着急了。不过张瀚手下有个叫李幼滋的，发现这正是讨好张居正的好机会，为了升官发财，他甘愿第一个吃螃蟹。

李幼滋首先跳出来，提议首辅大人应该为了国家社稷，忍痛“夺情”。有带头的就有跟风的，朝中大臣吕调阳、张四维、曾士楚、陈三谟先后力挺张居正“夺情”。

张居正心中暗自得意，心想“夺情”的计划马上要成功了。可是这时偏偏冒出几个不识时务的人，张居正亲点的进士吴中行和赵用贤，算是他的学生了，却率先站出来维护“万古纲常”。随后张居正的老乡艾穆，也不念乡情出来反对他，跟艾穆一起的

社会风情

以退休为耻

古代官员退休被称为“致仕”。唐、宋的官员以退休为荣，比如白居易退休后就写诗祝贺，陆游退休后也接受人家的贺礼，可明朝中期后，官员就以退休为耻了。那些年迈体弱、品德败坏的人被皇帝强令退休。曾有司法部部长孙植退休后去世，他的家人找人写碑文，篇中有“致仕”二字，居然被家人抹去，可见“退休”的威力。

还有一个沈思孝，都痛斥张居正贪恋功名利禄，弃孝忘亲，不配立于朝堂之上。

这几个人骂得挺痛快，张居正也不能白挨骂呀，他强忍了两天，看再没动静了，就命人把这四个反对者统统摁在大殿上，打了一顿板子，前两人打六十大板，后两人打八十大板，后来居上嘛。

本来打板子是为了起到杀鸡儆猴的作用，不料，还有人羡慕挨板子。有一个初出茅庐的小人物邹元标，认为这是一个扬名露脸的好机会。他先是给了“督板”太监一笔银子，嘱咐打他的时候下手轻点，然后马上递交一道奏折，他写道：“张居正一向认为自己非同常人，而守孝奔丧这样‘人该做的事’，他就不屑去做，因为他已经不是人了。”

张居正怒不可遏，哪里冒出来的无名鼠辈，竟敢如此狂妄，于是下令打邹元标一百六十大板。监督的太监收了邹元标的银子，早就安排好，一百六十大板打完了，邹元标竟然还活着，大家都引为奇迹，他也因此得到保守派的一致尊重。

但是打板子并不是结局，张居正哪能容忍这样的人继续留在朝里做官？他把吴中行和赵用贤都从朝廷里开除了，艾穆、沈思

庙堂真相

鸡犬升天

张居正当权时，六个儿子跟着得势。万历皇帝慷慨表示：“您老人家功劳太大，我实在不知道怎么报答您，只好照顾好您的子孙了。”就这样，张居正的大儿子做了教育部（礼部）的二把手，二儿子当了皇帝办公室的秘书，三儿子中了状元，四儿子在锦衣卫做二把手，五儿子在皇家事务部任职，只有老六年纪小，没有担任官职，但皇帝早已经给他准备好了位置，只等他开始懂事，立马可以上任。

孝和邹元标都发配边疆。

朱翊钧一看事要闹大，赶紧出来收场，对满朝文武说："张先生本是先帝托孤重臣，我年幼登基，家国大事都仰仗先生，哪能离开一日？这件事不要再生分歧了，先生就留在朝里，不可辞官。"皇帝都说话了，大臣们一看也甭自讨苦吃，都偃旗息鼓了。

张居正"夺情"成功，继续主掌朝政大权，新政得以延续，他的事业也更加辉煌，但是他也因此受到很多贬诋，在死后遭到清算。

向历史借智慧

生活中的情和理

我们常说某某做法"合情合理"，其实很多时候，情和理是没法同时满足的。父亲去世了要回家奔丧，这是情；非常时期需要坚守工作岗位，这是理，这时候情和理该怎么选择呢？张居正的难题很有代表性，其实这件事里，最不合情理的是这条规定：父死要三年守孝，三年里做儿子的须放下一切工作，专心在家怀念亲恩。

梃击案

万历四十三年（公元1615年）五月，在太子朱常洛居住的慈庆宫，突然出现一个手持枣木棍的男人，他来到宫门口不等门卫问话，几棍子就把门卫打倒，冲进宫里也是逢人便打，一时间宫女太监喊叫声此起彼伏。

太子的近侍太监韩本用身手敏捷，趁其不备将他抓获。

到太子宫中行凶，这事得好好问问，于是这凶犯就被交到刑部审讯。可是审了半天，这人除了说出自己名叫张差之外，再也说不出有价值的供词，满嘴只说些吃斋念佛、讨封娶媳妇的疯话。

主审官不耐烦，就把他送交了二审。到了二审，这张差似乎稍有清醒，又说自己在家被人欺负，进京来告状，遇到两个男子，给了他一根木棍，而他一时迷糊，不知怎么的就闯进一个宫院，打伤了人。

说来说去还是犯迷糊，最终审判官认定张差是一个疯子，就把这个结果报上去了。

张差被关进大牢。一天，看管大牢的管事王之给犯人送饭，

庙堂真相

立太子之争

1586年，政府官员要求万历皇帝早给嫡长子朱常洛太子之名。但万历皇帝当时热烈地爱着郑贵妃，总想把郑贵妃的孩子朱常洵立为太子。政府官员们挽着胳臂，组成人墙阻止万历皇帝那样做。万历皇帝用尽浑身解数，千方百计想得偿所愿。可"人墙"就是不让他得逞。双方对峙了十六年，十六年时间里，万历做宅男，官员们什么事都不干，只在那里玩人墙。终于在1601年，万历皇帝正式册立朱常洛为太子。

他觉得张差不像是疯子，就决定再次提审张差，于是他对张差说：“你和我说实话，就给你饭吃，否则就饿着你！”张差低头无语，过了一会儿，他小声说：“不敢说。”

王之一看有戏，赶紧命令身边的人都退下，只留两名狱卒在身边。王之趁热打铁，把张差隐瞒的实情全都诱导出来，才发现这背后大有文章。

原来这个张差本名叫张五儿，家里贫困，只靠砍柴为生。有一天他在集上卖了柴，就跑去赌钱，结果输得精光。张差垂头丧气地回了家，他的几个亲戚来到他家，还带来一位太监。亲戚对他说：“我们给你找了个发财的好差事，你跟这位公公去，按他说的做了，就给你三十亩地，还有一笔可观的银子。”

张差就跟这位太监来到京城，进了一座大宅院，有一位老太监请他吃了一顿美餐，然后对他说：“待会儿我带你去一个地方，你进了门只管见谁打谁，打跑了就往里冲，如果看到穿黄袍的，就使劲打，打死了这个，重重有赏。不用怕，打死人也没事，如果被抓住就装成疯子，我会救你的。”

王之心中暗自庆幸，果然是有隐情，但是他再问那两个太监

庙堂真相

人类史上第一宅男

万历皇帝的不上朝开始于万历十四年（1586 年）九月，连续至少有十天不上朝。到了万历十八年，他就完全不上朝，自称“腰痛脚软，行立不便”，连一年一度的元旦朝贺也宣布取消。万历二十年七月，对着满桌子的西北战事奏疏，万历只回了两个字：不报。万历二十四年四月，内阁大学士提出要面见万历，万历给出的回答是：我最近头晕，一直在吃药，不能见外人。万历皇帝在位四十八年，其中有二十八年专心做宅男。

是谁，张差就说不知道。

王之先把他押下去，立刻把这个阶段性成果上报给神宗朱翊钧。

朱翊钧多年不理朝政，但这种危及皇族生命安全的事，他不能不理睬。于是他命令刑部的陆梦龙再审。陆梦龙先审了张差，又把他的亲戚抓来，各种刑具打眼前一放，张差并没有做好当烈士的准备，很快就把那两个太监的名字交代出来了。原来老太监叫庞保，是朱翊钧的宠妃郑贵妃宫中的近侍，年轻的叫刘成，也是郑贵妃宫里的。

审到这里已经无须再问了，两个太监不可能吃饱了撑的，自己雇人去打太子，明显是受人指使嘛。这事传扬开去，朝廷内外议论纷纷。

大家都知道郑贵妃想立她的儿子朱常洵做太子，但是因为朱常洛比朱常洵年长，按“规矩”应该立朱常洛，而郑贵妃心有不甘。朱常洵受封福王，本应到外地就藩，但是他却迟迟不肯离京，司马昭之心，早已路人皆知。

朱翊钧一看牵扯到自己的爱妃，就不想再查下去了。郑贵妃眼看事情要败露，心神不宁，只好去找朱翊钧哭诉，说自己实在

庙堂真相

太监养不活太监

明朝皇帝以宦官为左膀右臂，致使宦官数量剧增，据统计，明末光北京宫中就有近两万名宦官。这些宦官帮助皇帝控制朝廷税收和国库，管理由国家垄断经营的盐业和铜业，征收皇庄土地的田租……总之，重要任务之一就是为皇帝敛财。但可笑的是，由于数量实在太多，帮皇帝赚钱的宦官开始养活不了自己。明末，一批宦官机构穷得办不下去，只好撤销了。

不知情，希望不要牵连到她，而太子朱常洛也来向朱翊钧请示。

朱翊钧觉得这事太明显，就像和尚头顶的虱子，他也不好再偏袒，就对郑贵妃说：“这事闹得满朝上下风言风语，我也不便多说，你自己求太子吧。”

朱常洛看出父皇不肯表态，定是有偏袒之心，他不能不给父皇面子，只好说：“这件事只要张差自己承担就行了，让刑部立刻结案吧。”

朱翊钧听了笑逐颜开，高兴地说：“还是太子说得对呀！”

为了平息朝廷内外的议论，朱翊钧破天荒地在“隐居”了二十六年之后，见了一次朝臣，他向大臣们声明决不会改立太子，让天下臣民安心。

刑部给张差定了凌迟处死，他的亲戚都发配边疆。张差临死时愤愤不平地说：“同谋作案，事情败露了却让我一个人当替死鬼，大官们也不追究了。”这小子智商确实有点问题，让你来当然就是做替罪羊的，否则人家自己拿棍子去打好了。

过了不久，朱翊钧让锦衣卫秘密处死了太监庞保和刘成，这个案子就算彻底结束了。

向历史借智慧

要维护法律的严肃公正

梃击案是明末三大疑案之一，因为案主是一个“精神病患者”，案情便显得格外的扑朔迷离，历史学家一直研究到现在，也没有定论。但从另一个角度来说，这几年常常有某人犯了重罪，如杀人、贩毒之类，就装精神病企图逃避法律责任，可见“装疯”这件事，古已有之，不是新发明。

东林讲学

万历十五年（公元1587年），内阁首辅王锡爵年老退休了。这时吏部需要拟定新一届内阁班组成员，上报给神宗朱翊钧。

顾宪成跟尚书陈有年精挑细选，推荐了七个人，而首辅人选是内阁大学士王家屏。

王家屏是一个正直而愚忠的人，他认为自己有义务把冥顽不灵的皇帝改造成英明的君主，为了立太子的事他也没少跟朱翊钧争执。

朱翊钧可不想弄个整天修理他的人做首辅，就要求人事部重新推荐名单。

过了几天，顾宪成递上重拟的名单，王家屏的名字仍然在列。

朱翊钧认为顾宪成是存心跟他作对，一纸诏书把顾宪成贬为草民。

失意的顾宪成回到家乡无锡。官场已成浮云，一代名臣是做不成了，顾宪成决心成为一代名师，使自己的思想传遍天下。

庙堂真相

“万历三大征”

1592年，蒙古鞑靼部人哱拜在宁夏发动武装叛乱，万历皇帝派人平定，花费白银二百多万两，是为第一征。1592年，开始抗倭援朝，分为两次。这场战争断断续续打了七年，双方几乎打了个平手，花费白银七百多万两，是为第二征。1593年，四川的土著军阀杨应龙在播州武装叛乱，直到1600年才被平定，花费白银两百多万两，是为第三征。“万历三大征”，把张居正十年积攒的钱财全部花光，明朝落日仅有的一点光芒不复存在。

顾宪成在自己家里开办了“同人堂”，这可不是药铺，而是一所民办学校。慕名而来的学生和学者越来越多，其中不乏政府公务员。

顾宪成讲学，带动了本地的学术经济。有时候他还到苏州、常州等地去讲学，受到各地学者的热烈追捧，不用做广告，声望就比大学教授还高。

为了进一步扩大影响，满足更多人的求学愿望，顾宪成需要有一个专门的教学场所。

无锡城外有一片垂青老柳，柳林中有几间老屋，不远处溪水潺潺，这里曾是宋代大学士杨龟山的讲学之地，叫作东林书院。由于年代久远，房屋已经残破，顾宪成决定重建东林书院，并把它打造成一所顶尖学府。

万历三十二年，顾宪成拿出自己的积蓄，又在当地官员和乡绅的支持下，用了五个月的时间，重建了东林书院。

接着，顾宪成又联合了一批知识分子，号称“东林八贤”，成立“东林大会”，公布《东林会约》，顾宪成担任首席主讲大师。

东林书院对待求学的人不分贫富贵贱都一视同仁，不但不收

野史秘闻

朝令夕改

万历皇帝曾指令宫中首席秘书沈一贯起草文件，下令全国停止开矿征税，得此谕旨，众大臣无不欣喜万分。谁知第二天万历反悔，派宦官让沈一贯交出原文件。沈一贯不交，急坏宦官们，在经过一场几乎是全武行的搏击之后，身体几处负伤、脑门子也被打破流血的沈一贯，才迫不得已交出了这份文件。

学费，而且提供食宿。学院每年一大会，每月一小会，形成一个大规模的政治评议中心。为了表示东林书院对时政的关注，顾宪成特意撰写一副对联：风声雨声读书声，声声入耳；家事国事天下事，事事关心。

东林学派一时声名鹊起，也引起了在野党的高度关注。

有一段时间内阁缺人，总管漕运的李三才很有能力，很多大臣都保举他。但是也有一些人强烈反对，理由是“李三才生活太奢侈”。其实那个年代的官员都是半斤对八两，清官有几个？这只是个借口，真实原因是李三才跟顾宪成走得太近，实属党派纷争。

顾宪成跟李三才确实处得不错，为了表示支持，他提笔给几位关系不错的大臣写信，强烈声援李三才入阁。但是有一位头脑不太灵光的老兄，为了制造声势，就把这封信抄到“大明日报”（邸报）上，使它飞进了所有的衙门，各级官员都看到了。结果声势倒是造出来了，李三才的“东林党”身份也确凿了。

反对派马上抓到了把柄——顾宪成以一介草民遥控朝政，实属居心叵测，大逆不道。

为了彻底打倒顾宪成，反对派们向皇帝打了无数报告，说顾

社会风情

明朝的教育

明初，学校教育是两级半结构。两级即中央与地方官府开办的学校，半级指的是地方政府与乡绅合办的半官方半民间性质的社学。中央举办的学校包括国子监和宗学。国子监的前身是国子学，创立于至正二十五年（1365 年）；洪武十五年三月，将国子学改为国子监，沿用至清末。

宪成组织“东林党”截河收税，聚众闹事，散布反政府言论，结党谋反……再不控制就成本·拉登了。

不过朱翊钧整天抽大烟泡美女，没有闲心理这些鬼话，所以反对派的叫骂都成了犬吠。但是这么一搞，李三才入阁就没戏了，不但内阁没进去，连本职工作也干不下去了。他索性提出辞职，皇帝也不批复，他就自己跑回家去了。

党派斗争拉开了大幕，在“东林党”不断扩张的情况下，保守党、外戚党、太监党等更多的利益群体受到“威胁”，他们也向东林学派发起猛烈的反扑。

向历史借智慧

政治不是好玩的

《菜根谭》里说，富则兼济天下，贫则独善其身。政治也一样，明则出谋献策，暗则深居简出。伯牙擅乐，还需有子期善闻。对牛弹琴好在还没有生命危险，如果对着狮子老虎弹琴，就是不要命了。

萨尔浒之战

万历四十七年（公元1619年）二月，大明朝调集全国各路军马十万人，朝鲜兵一万，女真叶赫部一万人马，共计十二万人马，号称四十七万，开赴东北去征讨自立大金国的努尔哈赤。

这十二万人由钦差巡抚杨镐总领。杨镐是个军事庸才，二十多年前在朝鲜战场被倭寇打得泣不成声。但他善玩政治，很快就从监狱里出来。这一次，他再次上战场，结果可以想见。杨镐手下有四员大将，分别是杜松、马林、刘铤和李如柏。

西路军六万人是明军主力，由老将杜松统领。杜老先生是一员非常勇猛的战将，立过军功无数，身上也留下了无数伤疤。这些伤疤都成为他引以为荣的军功章，高兴时就会敞开衣襟向人展示，为了展示方便，他从不穿盔甲。

杜松为了抢头功，提前出发去攻打努尔哈赤的老巢赫图阿拉，他让部将带好木枷刑具，准备抓到努尔哈赤时给他戴上。

杜松一日急行一百多里，二月二十九晚上，走到萨尔浒一带

社会风情

中国第一座状元坊

地名中称“状元坊”的地方有很多，都是因为当地出了状元，建牌坊以为纪念，所以叫状元坊。历史上最早的状元坊，是朱元璋下旨所建，坊的主人是1388年科举的状元任亨泰。任亨泰，河南襄阳人，后来做过詹事府少詹事（相当于太子的老师）、礼部尚书等。朱元璋很宠幸这个状元，在给他的诏令中，只称“襄阳任”而不称名字。

的浑河岸边。部将赵梦麟建议晚上先扎营休整，等天亮再渡河。杜松却说："我一日急行百里，就是要趁老鞑子不备，打他个措手不及，现在已经离他的老巢不远，我们要一举攻下赫图阿拉，不可拖延。"

参将龚念遂也来劝："山路崎岖已经很难行走，天这么黑，粮草辎重更难渡河啊。"

杜松训斥他说："你小子知道兵贵神速吗？磨磨蹭蹭怎么打仗？不要再多嘴！"说完了他把上衣一甩，露出满身的"军功章"，光着膀子策马过河。

将军都下水了，士兵只好跟着。当他们渡到大河中间时，忽然间波涛滚滚夹泥带土从上游倾泻下来，很多军兵被水冲走。这是金军名将费英东拦河筑坝干的好事。

杜松正暗自吃惊，就听见山林中呜呜的号角声响起，金兵从四面八方包围过来，杜松一怒之下，打马上了岸，与为首的金军将领交上了手。

杜松倒是一员猛将，几个金军将领都被他打落马下，来阻击的金国军兵并不多，打了一阵看形势不好就撤走了。杜松在众人

野史秘闻

明末狂人

明末人邢昉很狂，他考试时的文章就写得超级狂。考官先是在试卷上批"太狂"，后来越看越窝火，批道："更狂"，直接把邢昉的试卷给扔垃圾桶里去了。邢昉不以为意，戏曰："当官有什么好，人生在世，得一狂名就够了。"

劝解下，终于同意在萨尔浒安营扎寨。

可是他们刚刚扎好营寨，没等休息，金军又来劫营。军兵们马上陷入混战之中，打上一阵，金军又撤退。

这样反复几次，被金军杀死的加上在黑暗中自相踩踏、误伤的，明军死伤上千人，杜松气得哇哇直叫。

第二天，杜松听说袭击他的那伙金军就在不远的界藩城驻扎，他马上决定先去打掉这伙人，再攻赫图阿拉。于是把军兵分成两部分，一部分留在萨尔浒营寨，他带另一部分去攻界藩。

去往界藩城的途中要经过一道山崖，叫作吉林崖，地形非常险峻。努尔哈赤派了一万五千人在界藩山上筑造临时都城，而费英东打探了明军的动向，在吉林崖上设下埋伏。

杜松行军到吉林崖，山路狭窄，只容一人通过，好不容易走了一半，却见砖石箭雨倾盆而下。杜松被困在路上，急不能进，他只能暴叫着让士兵冒着滚石流箭去清除路上的石头，一时间死伤无数，最终杜松身中十几支箭，流血而死。

此时金军另一路人马袭击了杜松在萨尔浒的营寨。侥幸逃出的几名军士，奔向北路军向马林求救。参将潘宗颜催促马林快去

社会风情

烟草传入中国

烟草大约在明朝万历年间就传入中国了，自打进来后，中国烟民就节节增长，浙江人王肱枕在《蚓庵琐语》中就记载："崇祯末，三尺童子莫不吃烟矣。"崇祯曾想全民禁烟，但政局不稳，也就不了了之。

救西路军，马林狡猾地说：“西路军与金军交手，必然两败俱伤，我去救援，必然也损兵折将，反而让刘铤和李如柏捡了头功，我不但失了军功还有违令之罪，这种傻事怎么能干呢？”

马林行到萨尔浒附近，探马来报，前边几十里发现有金军驻扎。马林吓得赶紧叫军队停下，就在这儿安营驻守。

金军攻打营寨，部将们纷纷请战，马林胆小如鼠，却斥责部将不懂兵法。他严令防守不许进攻。

金军攻进了大寨，马林双腿直打战，他对部将说：“你们在阵前死守，我到后营抵御。”结果他从后路逃走，为了快点逃命，马林把混乱的明军士兵都挥刀砍倒。

叶赫部的一万人马本来是要配合马林的行动，见到他的队伍溃败，这伙人立即原路退回。

明军西、北两路都被金军轻易击溃，努尔哈赤召开军事会议，研究应对东路的刘铤和南路的李如柏。

众人一致认为李如柏跟马林差不多，都是靠老爹的名气出来混，没有真本事，他这路可当作没有。而刘铤却是沙场老将，武功谋略又远高于杜松，最难对付的就是他了。

野史秘闻

太监覃吉

覃吉是一名老太监，宪宗时侍奉九岁太子（明孝宗），口授《四书》章句及古今政典。有一次，宪宗赐太子庄田，覃吉劝不要接受，并且说：“天下都是太子的。”太子偶然跟小太监读佛经，一看见覃吉，就撇下书大惊说：“老伴来啦。”

刘铤是四位大帅之中最有本事的一个，但是钦差杨镐只派给他一万五千人，外加朝鲜的一万多人，因为刘铤没有给他送礼，所以还时常藐视他。

努尔哈赤却很重视刘铤，不敢与他硬打，于是订了一个计策。他派一名降兵假冒杜松的信使，把刘铤骗进他们的包围圈。因为刘铤走东路，都是高山密林，没有人给他报信，他不知道杜松已经溃败战死，就信以为真，结果被四面伏击，重伤战死。朝鲜兵一看不妙，主动投降了金军。

坐镇沈阳的杨镐得知三路大军都已覆没，赶紧通知李如柏撤退，撤回来好保护他。

萨尔浒战役，明军惨败，大明的国力从此衰落，而大金已经注定要成为入主中原的霸主。

向历史借智慧

人可以暮年，但不可以有暮气

明朝立国到此时已有二百多年，承平日久，朝廷上下已弥漫着一股暮气，无论政治、军事，主事的人都没有了立国初期那种既锐意上进又谨慎警惕的心理。为官者觉得自己经验丰富，天底下无非就是那些事；为将者觉得自己战无不胜，兵来将挡即可，而懈于战前准备和侦察。以这种暮气沉沉的心态去打仗，自然凶多吉少。人可以年岁长大，可以暮年，但不可以有暮气。

红丸案

万历四十八年（公元1620年）七月，昏聩的明神宗朱翊钧总算死了，他的长子朱常洛继位，就是明光宗。

朱常洛一登基，马上废除了他爹那套重税苛政，还把因为进谏而下狱的大臣都官复原职，调拨钱粮抚慰边关将士。

臣民们被朱翊钧折磨了几十年，都盼着改天换日过点好生活，对于朱常洛的登基都激动万分，然而朱常洛上任不到一个月就病倒了。

要说都是好色惹的祸。朱常洛没登基之前就很好色，但那时还稍有顾忌，当了皇帝之后，就迫不及待地放纵开了。

先皇宠爱的郑贵妃，早先为自己的儿子争储，没少给朱常洛使坏下套。现在朱常洛登基了，她又居心叵测地进献了八名美女。朱常洛要是智商够高，也该有所防范，但他生性懦弱，又好色成性，想不到那么多。

朱常洛也想当个称职的皇帝，他每天忙于政务，勤勤恳恳。

庙堂真相

这一年有三个皇帝

1620年，对明王朝来说是多事之秋，七月，万历皇帝驾崩，儿子朱常洛即位，史称明光宗；一个月后，朱常洛便匆匆去世；经过一番风波，儿子朱由校即位，史称明熹宗。

但他经不住美女的诱惑，夜夜荒淫，就把身子骨累坏了。累坏了还不知节制，为了继续享受美女，朱常洛吃下一粒“红丸”，这红丸是嘉靖皇帝带头用的，其实就是春药。朱常洛吃下之后，顿时浑身躁热，亢奋狂笑，飞奔着去找美女了。

第二天早上，朱常洛又起不来床了。太监一看不好，赶紧去找御医。朱常洛纯属肾虚，应该大补，但是御医崔文升认为皇帝是热毒内火，就给朱常洛进了一剂猛烈的泻药。朱常洛一晚上泻了几十次，这下水道算是漏了。

于是朝廷上可就乱了套，大臣们纷纷指责崔文升用药不当，而崔文升一口咬定是红丸导致的。这回大臣又说他污蔑皇上，推卸责任。朝堂上争吵不休，朱常洛却仍在美女的温柔乡里梦游，他还要吃红丸。道士李可灼因为进献红丸被朱常洛封了六品官，他当然还想往上爬，于是又给朱常洛献了一丸。这颗红丸下了肚，朱常洛当即心房颤动，双眼圆睁，一蹬腿就归西了。皇帝才当了三十天，就出了这样的事，满朝震惊。

“东林党”官员认为，崔文升和李可灼在皇帝重病之时，一个滥用药，一个进红丸，这种行为不合情理。一般人怕担责任，

庙堂真相

明末三案

明末三案指的是前面讲过的“梃击案”、这里的“红丸案”和“移宫案”。前两案据说都和万历皇帝的爱人郑贵妃有关，“移宫案”大致是这样的：朱常洛把自己的小老婆李女士带进了只能是皇后才能居住的房间，朱常洛一死，李女士不肯搬出去，并挟持太子，要求晋升自己为皇太后。包括方从哲在内的官员就逼着李女士搬了出去。

躲都躲不及，哪敢乱作主张？如果没有人指使，绝对不靠谱，他们主张追查到底。

崔文升本来是郑贵妃宫里的一个太监，在郑贵妃一手栽培之下，掌管了御药房，进而变成了御医，要说这事跟郑贵妃无关，鬼都不信。

至于李可灼，他是内阁首辅方从哲向皇帝推荐的人，那么方从哲就罪责难逃，他只好自请辞职回乡，但是仍然有不少官员揪住他不放。直到一个新入内阁不久的大臣韩爌上书，说明了进献红丸的经过，又找了两位部长级的人物做证，才把方从哲从谋害君主的罪名下解脱出来。

方从哲解脱了，但人们又怀疑李可灼是受郑贵妃指使，而郑贵妃权势极大，朱常洛十六岁的儿子朱由校继位，对她毫无办法，大臣们也只能怀疑而已。

于是这件事的后果只能由崔文升和李可灼来承担。由于无法证明他们俩是故意谋害皇帝，只能按失误论处，李可灼被流放边关，崔文升贬到陪都南京。至此，"红丸案"成为明宫又一大谜案。

向历史借智慧

皮之不存，毛将焉附

欲望是一种可怕的事物，有人为了它铤而走险去犯罪，有人为了它而自残，也有像朱常洛这样的，为了欲望而丢了性命。一个人生活在世上，欲望可能是钱财，可能是美色，也可能是一种虚荣感，人们为了满足这种欲望而透支自己的良心，透支自己的身体，却不懂得：皮之不存，毛将焉附？身体都透支没了，钱财和美色、虚荣感还有什么意义？

奉圣夫人

在明代，有一个臭名远扬的奉圣夫人，她就是明熹宗朱由校的奶娘客氏。

客氏本来是个农村妇女，她的丈夫姓侯，十八岁时她生了一个儿子。不久后就赶上熹宗朱由校出生，急需奶娘，客氏就被选中了，从此乌鸦变成了凤凰。

朱由校是吃客氏的奶长大的，自然对她十分亲近。客氏并不是个好女人，本来她与朱由校算是母子的关系，但是等到朱由校长大后，她百般引诱，把这个懵懂少年引上了床，俩人就这么乱伦起来。

朱由校十六岁登基做了皇帝，按照惯例要选皇后和嫔妃。客氏吃醋又说不出口，只能装出可怜巴巴的样子，朱由校看老妈子不高兴，就赏赐她很多珍宝表示安慰。

客氏擅长做几手家乡菜，朱由校吃惯了这个口味，连御膳房都看不上眼，客氏就每天给朱由校送餐，号称“老太家膳”。当然，

野史秘闻

八千女鬼乱明朝

据说由刘伯温写作的预言书《烧饼歌》里，有这样一句：八千女鬼乱明朝。“八十女鬼”就是“魏”字，说的就是魏忠贤。无独有偶，据传诸葛亮写过一本奇书《马前课》，里面有句“无力回天，鞠躬尽瘁。阴居阳拂，八千女鬼”。但他可没有预测魏忠贤，而是预测蜀国命运，“八千女鬼”组合起来也是“魏”字，他预测出来，蜀国肯定会被魏国灭掉。

客氏每天跑到朱由校的乾清宫，不光是来送饭的，她每天半夜来，清早走，陪吃陪聊又陪睡。天下哪有不透风的墙，这娘俩的绯闻很快就传出去了。

朝中大臣们觉得这种事太丢皇室的脸面，纷纷上书要求客氏搬出宫去。朱由校迫于压力，只好给客氏在宫外买了一所宅子，让她搬了出去。

可是客氏走后没几天，朱由校就受不了了。他厚颜无耻地对群臣说："我离开了奶娘，整天头晕眼花，浑身难受，吃不好也睡不香，还是赶紧让她回宫吧。"

俗话说：树没有皮必死无疑，人不要脸天下无敌。皇帝已经不顾廉耻，大臣还有什么办法，于是客氏又回来了。朱由校为了让客氏名正言顺地住在宫里，就把她封为"奉圣夫人"，她的儿子也给封了官，让客氏住在咸安宫，在皇宫自由出入。

客氏有了封号，更觉着腰杆硬朗，她每天浓妆艳抹，打扮得比皇后还娇艳。每次出门都有一百多人随从，坐八抬大轿，道路戒严，搞得像天子出行一样。

回到家，她让家里的仆人们都称她为"九千岁老太太"，一

庙堂真相

特务政治无孔不入

东厂、西厂互相竞争，将魔爪伸到大明各处。离京城很远的地方，一听有北京口音，身着华丽衣服，骑高头大马的人，就纷纷躲避。有四人在密室喝酒，一人痛骂魏忠贤，其他三人吓得不敢出声。不一会，有人闯进密室将骂者带至魏宅，杀死。

天三次跪拜请安。

朱由校上朝，身边要给客氏准备一个座位，这个奶妈要跟他一起临朝听政。当客氏的车辇经过朝房时，那些王公大臣争相跪拜，“圣母娘娘”“圣夫人”“千岁夫人”“干娘”等呼声不绝于耳。

客氏在朝廷上作威作福，后宫更不在话下，无论皇后还是嫔妃都得看她的脸色，客氏才是真正的后宫之主。

张皇后曾经怀上身孕，被客氏知道了，她偷偷安排一个人去给皇后按摩捻背，暗下手法，使张皇后流产，从此还失去了生育能力。皇后遭她毒手，别的嫔妃更躲不过，朱由校这个混球到死都没有孩子。

在皇宫里，很多宫女和太监结成“对食夫妻”，虽然不能同床，但是可以在一起吃饭，在感情上得到安慰。客氏也有她的对食老公，就是魏忠贤。

朱由校酷爱当“木匠”，为了制作各种工艺品，他每天废寝忘食，难以自拔，朝政完全交给魏忠贤处理，后宫则是客氏的天下。于是奶妈跟太监的组合无人能敌，朝中的大臣想过好日子的，必须跟他们为伍，否则都难逃厄运，这对组合被人称为“客魏”。

野史秘闻

“煨蹄总宪”

左都御使周应秋，是魏忠贤所提拔。每次，魏的侄子魏良卿路过周家，周都令厨房炖猪蹄给良卿吃。于是，时人号称他为“煨蹄总宪”（总宪，都御使别称）。魏忠贤死后，周应秋大哭：“您叫我以后怎么过啊？”

好在朱由校二十三岁就死了，他的弟弟朱由检继位。朱由检的养母是被客氏和魏忠贤挤兑死的，他对客魏早就恨之入骨。朱由检先把魏忠贤及其党羽除掉，又把客氏贬到洗衣房，凤凰重又变成了乌鸦。最终客氏在洗衣房里被打死，她的儿子也被拉到闹市斩首。

向历史借智慧

别拿小人物不当人物

历史上有过不少这类角色，他们本是极不起眼的小人物，比如牛贩子、普通工人、奶妈，但他们或者在关键时候发挥了特别突出的作用，或者因缘际会，竟然成为了历史的主角、权力的中心。明熹宗的奶妈客氏就是其中的反面代表之一。所以不要拿小人物不当人物，他们也有可能突然发威的。

熊廷弼之死

万历四十七年（公元1619年），后金军队在努尔哈赤的率领下接连攻破抚顺、清河，并在萨尔浒战役中使明军主力遭受毁灭性打击，辽东战场总指挥杨镐被罢免，朝廷急调进士出身的熊廷弼赴辽东接任。

熊廷弼领旨后尚未出京，后金军队又攻陷了开原，等熊廷弼出了山海关，后金军又攻下铁岭。明军在辽东的根据地沈阳和辽阳，那里的老百姓纷纷逃亡，军队的将士也无心死守，一时间人心涣散，几乎要把两座城池拱手相让。

熊廷弼虽然是个文人，但是他性格刚毅沉稳。到任后，他整肃军心，斩杀逃将，安抚百姓。他与士兵同吃同住，从不收取一分私利，他还半夜里踏着大雪到抚顺侦察敌情。

熊廷弼的智慧和勇气形成一种凝聚力，使将士们恢复了坚持战斗的信心。他又根据当时的形势确定了“坚守渐逼”的战略，挑选出精兵组成游击队，对后金军的驻地进行偷袭。后金军疲于

庙堂真相

天启年间大事特别多

明熹宗自上任起，就风波不断。一上任就出了“移宫案”，第二年（1621年），后金政权攻陷沈阳；1622年，山东白莲教首领徐鸿儒在巨野起事，号中兴福烈帝，五个月后，徐鸿儒被政府军杀掉；1623年，荷兰侵占台湾；1624年，群臣攻击魏忠贤，但都失败；1625年，后金迁都沈阳，后改为盛京；1626年，皇太极即位；1627年，明熹宗驾崩，弟弟朱由检即位，即明朝末代皇帝——崇祯。

应对，无力再发动进攻，他们无奈地把熊廷弼称为“熊蛮子”，而明军在熊廷弼的率领下，还收复了一些失地。

熊廷弼性格耿直，得罪过不少小人。那些人一向既不流血也不流汗，只会踩着壮士的骨头往上爬，他们不断地向皇帝说熊廷弼的坏话。熊廷弼回到京城面见神宗朱翊钧，在朝堂上与弹劾他的大臣激烈辩论，甚至把乌纱帽扔到地上。好在朱翊钧虽然浑噩，却不在意小节，没有怪他失礼。

1620 年，朱翊钧病死，明光宗朱常洛登基一个月就死去，明熹宗朱由校继位。朱由校昏聩无能，朝政大权都被太监魏忠贤掌握，朝中阉党横行。

杨镐的叔叔杨渊，一直记恨熊廷弼没有为杨镐求情。他联合冯三元、顾慥、姚宗文这些平时与熊廷弼不和的人，鼓动唇舌，说熊廷弼有“八条失策，三条欺君”的大罪，如果不罢免熊廷弼，辽东必将不保。

熊廷弼知道后非常气愤，主动上书请朝廷派人调查，朝廷就派兵部的朱事蒙到辽东去。朱事蒙到了辽宁，老百姓人人称颂熊廷弼，泪流满面地说，几十万生灵全仗熊将军才能活命，恳请朝

庙堂真相

天启皇帝的遗嘱

天启皇帝和崇祯皇帝是哥俩，据说两人关系特别好。天启皇帝刚登基时，崇祯就问哥哥：“你这个官我能不能做？”天启皇帝笑着回答：“可以，可以，等我做几年后，就轮着你做了。”天启皇帝临终前，把崇祯叫到面前，留下两个遗嘱：一要弟弟做一位尧舜之君，二是继续重用魏忠贤。

廷千万不要调走熊将军。

朱事蒙深受感动，回到京城如实汇报了熊廷弼的功绩，但是熊廷弼最终还是被罢免了。

朝廷改派袁应泰赴辽东接任。袁应泰也是个清正爱民的好官，但是他并不善于用兵。没多久，沈阳和辽阳就相继沦陷，袁应泰自杀殉职。明军兵败如山倒，后金军势如破竹，乘胜攻下了三河、静远、海州等七十多座城池。

有人感叹说："如果熊廷弼在，辽东不会沦落到这个地步。"朝廷只好重新启用熊廷弼，但是却任命王化贞做辽东巡抚（相当于省长），与熊廷弼一同掌握辽东战局。

王化贞虽然比熊廷弼官职低，但他仗着朝里有人，并不把熊廷弼放在眼里，军中大权都由他掌握。王化贞计划让投降后金的李永芳做内应，再找蒙古援兵，三个月内荡平后金。熊廷弼告诫他这种幻想很不靠谱，并且给朝廷上书陈述利害。

但是朝廷却指示王化贞见机行事，王化贞刚愎自用，一意轻敌冒进，结果造成惨败，使六万明军全军覆没，辽东地区全被女真人占领。

野史秘闻

朱元璋说"命"

明太祖朱元璋曾到太学（国立大学）视察，厨师进献的茶很合朱元璋口味，于是，厨师被任命为官员。一个老太学生听说后，感慨万分，写诗道："十年寒窗下，何如一盏茶。"朱元璋听说后，便说："他才不如你，你命不如他。"

王化贞痛哭着来找熊廷弼，熊廷弼强忍愤怒，嘲笑他说：“六万人马三个月荡平后金，荡得怎么样？”王化贞还想再堵截后金军队，熊廷弼认为大势已去，应该趁早撤退到山海关以内，王化贞没敢再坚持。熊廷弼把自己的五千人马交给他断后，自己保护辽沈百姓入关。

天启二年二月，朝廷下诏逮捕王化贞，熊廷弼停职候审。两人回朝后，王化贞自知罪孽深重，不得不认罪服法，熊廷弼据理力争，却被以为拒不认罪，成了众矢之的。

熊廷弼的家人见势不妙，就托人去求魏忠贤，魏忠贤狮子大开口，要价四万两银子。熊廷弼一向廉洁刚正，家里哪有这些银子？魏忠贤当时正在谋划迫害东林党人，迟迟不见熊廷弼送银子，索性就把他和东林党人联系在一起，定下行贿、贪污军费等罪状，把他和王化贞都判为死罪。

天启五年（1625 年）八月二十八日这天凌晨，熊廷弼被押上刑场，行刑官张时雍看到熊廷弼的胸前挂着一个口袋，问他装的什么，熊廷弼说：“这是我的谢恩书。”

张时雍冷笑着说：“先生没有读过《李斯传》吗？死囚还想

庙堂真相

木匠皇帝朱由校

历代都有颇具别才的皇帝，写词一流的南唐后主，书画一流的宋徽宗，明熹宗朱由校则是有“木匠皇帝”之称，他做的木工活也着实一流。皇帝住处的一些精巧的回廊曲室，都是他亲手设计的。微型制作也很拿手，他曾经在庭院中造了一座小宫殿，殿高三四尺，雕梁画栋，精妙绝伦。

上书！”

熊廷弼愤怒地说：“真是赵高的口气！”

熊廷弼被害，王化贞却投靠了阉党，在大牢里等待时机。

阉党们把熊廷弼的头在边境传递示众，三年不得归葬。又派人到熊廷弼家里去“追赃”，熊廷弼的长子熊兆被逼自杀，他的女儿熊瑚也因悲愤交加吐血而死。当地的县官王尔玉为了讨好阉党，把熊家的两名丫鬟脱去衣服杖打四十大板，邻里乡亲无不痛心疾首。直到崇祯二年，熊廷弼才得到平反，家人把熊廷弼的头带回家乡安葬，算是沉冤得雪。

向历史借智慧

有理不一定走遍天下

常言说，有理走遍天下，其实，有理走不走得通，还要看具体情况。“理”是一颗种子，只有在温暖的阳光照耀下，才能生根发芽，茁壮成长。阴暗潮湿的下水道里，只有细菌毒虫才能适应。

第五章　最糟糕的黄昏

崇祯计诛魏忠贤

天启七年（公元1627年）八月二十一日，明熹宗朱由校病死。朱由校没有子嗣，在张皇后的主张下，朱由校立遗诏让弟弟朱由检继位，就是崇祯皇帝。

八月二十三，十八岁的朱由检跟随传旨太监进了宫，他在袖筒里藏了一块面饼和一个水袋。皇嫂张皇后曾经嘱咐过朱由检，魏忠贤阴险狡诈，熹宗的奶妈客氏也肆无忌惮，两人狼狈为奸，在朝廷内外笼络了强大的“客魏阉党”，要时刻防备他们，宫里的食物都不要吃。

度过了一个漫长又忐忑不安的夜晚，第二天，朱由检终于登基做了皇帝。他赶紧把自己王府的近侍太监和宫女召到宫里，心里才踏实一些。朱由检按照惯例册封了皇后、嫔妃，又对大臣和宫人分别进行赏罚，但是唯独对魏忠贤和客氏不赏也不罚。

朱由校刚咽气的时候，魏忠贤曾企图造反夺权，但是平日里对他俯首帖耳的干儿干孙们，现在却没有一个愿意配合他的。明

野史秘闻

魏忠贤的传说

据说，魏忠贤知道自己日后必将失败，所以就暗中养了一头骡子，这头骡子能日行七百里，方便逃跑；他暗中又养了一个相貌相似的替身，以准备代他去死。魏忠贤死后，一个叫郑仰田的预言家说，魏忠贤曾经让他测“囚”字，郑仰田不敢得罪老魏，就说：“‘囚’字是国中一人！”可扭头，他就对别人说：“‘囚’是真正的囚犯，魏忠贤他日必将被吊死。”

枪不好用，魏忠贤还有暗箭，他给朱由检送了四名美女。

朱由检欣然接受，但是他让人把这四名美女从头到脚仔细地搜查了一番，发现她们裙带的末端，都暗藏着一粒药丸，是那种能够自然挥发的春药“迷魂香”。魏忠贤一招失手，又出第二招，让一个太监躲在墙壁隔层里，手持迷魂香，但是也被朱由检识破。朱由检不禁暗自吃惊：“原来父亲和哥哥都是身受此害！”

九月初一这天，魏忠贤实在忍不住了，又使出了他的第三招，以退为进！他向朱由检提出辞掉东厂总督的职务。朱由检想都没想，就说不准。

辞职未获批准，魏忠贤更加迷惑，这小子葫芦里卖的什么药？

九月初三，客氏请求搬到宫外去住，朱由检仔细考虑了半天，给了俩字：准奏。准奏了？奶妈情妇出了宫，魏忠贤心里有些慌。

九月初四，司礼太监王体乾又来辞职，朱由检一改往日的平淡如水，非常诚恳地挽留王体乾，甚至声泪俱下地说：“就算我这个皇帝不做，您老这个差事也不能辞啊！”这番话把王体乾感动得一塌糊涂，差点把魏忠贤指使他撂挑子这事交代出来。

经过这十几天的博弈，朝里的大臣也渐渐看出端倪。先是一

庙堂真相

魏党横行

魏忠贤当权时，内阁学士基本为魏之走狗，百姓称这些宰相为“魏家阁老”。文臣崔呈秀、田吉、吴淳夫、李夔龙、倪文焕，主谋议，被称为魏忠贤的“五虎”。武臣田尔耕、许显纯、孙云鹤、杨寰、崔应元，主杀戮，号“五彪”。吏部尚书周应秋、太仆少卿曹钦程等，号“十狗”。又有“十孩儿”“四十孙”之号等等。

个叫杨所修的挺身而出，矛头指向阉党主要成员崔呈秀、李养德等人，但罪名却是他们在父母去世期间没有回家守孝。

朱由检坐在龙椅上，正想琢磨一下这个罪名是否靠谱，魏忠贤却在身边提醒说：“这些官员没有回家守孝，是因为先帝曾经开过‘夺情’的先河，他们为国尽忠，舍私为公，怎么不但无功，反而还有罪了？”这么一说，朱由检更没法表态了，他沉默了一会儿，就宣布退朝。

皇帝没表态，但崔呈秀们心里没底，过了几天，纷纷上书要求辞职回乡，去补守孝那门课。朱由检知道，如果这样准了，就等于反对先帝，那不孝的就不是大臣，而是他自己了。魏忠贤这招损哪！他不能同意，不但不同意，还把提出这事的杨所修批评了一顿。

魏忠贤没想到朱由检这孩子这么不好对付，摸不清深浅。于是他找了个书法好的亲信，帮他写了一份检讨书，对全国各地为自己建活祠堂的事表示忏悔。朱由检看后批示：以前建的就建了，以后不要再建了。

这算是什么态度？新皇帝不敢与自己翻脸？有了这种想法，

庙堂真相

禹之下、孟子之上

大臣们向魏忠贤拍马屁的方式层出不穷，学术系统内也不例外。国子监司业朱之俊出告示说：“上公（魏忠贤）之功，在禹之下，孟子之上。”另一生员更是倡议让魏忠贤像入孔庙，与孔子并列。

魏忠贤决定给朱由检加点压，试试反应。几天后，阉党成员陈尔翼上书说："在杨所修的背后有一群'东林余孽'暗中指使，企图兴风作浪，应该发动东厂特工进行搜捕，以安社稷。"

这种得寸进尺的做法，并没有产生作用，朱由检把这份奏折扔在一边，不加评论。那些昏了头的阉党们，仍然以为皇帝不敢把他们怎么样，又开始大力吹捧魏忠贤，给他唱赞歌。

但是阉党中有个叫杨维垣的比较明智，他发现了此刻的安宁似乎是一种不祥之兆。十月十三日，杨维垣率先发起内讧，弹劾兵部尚书崔呈秀。在他的带动下，弹劾崔呈秀和魏忠贤的奏折一摞摞地交了上去。朱由检不动声色，静待时机。

十月二十六日，一个名不见经传的小官——钱嘉征列举魏忠贤十大罪状：一、掌握实权几乎与先帝并列；二、不尊重皇后；三、操纵兵权；四、不把先皇放在眼里；五、克扣削减对藩王的赐封；六、目无圣贤；七、滥授爵位；八、掩盖边关将士的功劳；九、剥削百姓；十、拉拢朝臣，徇私枉法。

朱由检把魏忠贤召来，命令太监宣读了钱嘉征的上书。

魏忠贤听了大呼冤枉。朱由检仍然镇定地说："我知道魏爱

野史秘闻

太监一餐吃这么多

太监李广自杀后，从他家中搜出一张纸，纸上写大臣总共馈送黄米白米各千百石。明孝宗一看大惊说："李广一餐吃多少，怎么接受这么多米！"左右的人说："陛下，这是隐语，黄者金，白者银。"

卿一向忠心为国，为了防止旁人暗算你，我一看到这个奏折，就赶紧告诉你呀。”第二天，魏忠贤以生病为名要求退休，朱由检同意让他离开京城，并把他贬到朱元璋的老家——凤阳去守陵。

魏忠贤这几年权倾朝野，有些官员为了巴结他，称他为“九千九百岁”，习惯于此的魏忠贤被贬了也放不下架子，他离开京城时带了一千名护卫，四十多辆大车，浩浩荡荡如同王爷一般。这种飞扬跋扈的气势，使朱由检不得不再重视他一次，他马上命人去捉拿魏忠贤回京。

十一月初六，魏忠贤得到消息，他自知不会有好下场，为了少受点罪，他上吊自杀了。朱由检又下令把他的尸首千刀万剐，亲戚族人一并处死，又把客氏处死。之后，朱由检又查处阉党二百六十多人，将他们或处死或监禁或流放，权势熏天的魏忠贤一党，终于覆灭了。

向历史借智慧

荣华富贵也是有上限的

魏忠贤荣极一时，人称九千岁，离万岁只有一步之遥，但是，这已经是他人生的上限了，作恶太多必自毙。人生和股票一样，有涨停板就会有跌停板，涨得太不靠谱了，早晚要有跌的时候，而且跌得会一塌糊涂。

悍妇捉奸

自从公元1616年努尔哈赤建立后金，大明朝的统治一次又一次受到重创，但是明朝并不是灭亡在女真人的手里，而是灭亡在闯王李自成的手里。

李自成的祖辈父辈都以养马为生，李自成曾经当过兵，退伍后在政府驿站当了公务员，生活还算小康。如果不是政府关闭了驿站，使他成为下岗职工，他可能一辈子安安分分，干着这份油水还不错的工作。

驿站是古代传送官府文书和军事情报的重要枢纽，来往的信使在这里食宿、换马。驿站到明朝已经有三千多年的历史。而明朝初年，驿站的数量又有所增加，并且增设了递运所，专门用来运输货物、军需品等，是交通运输的一大进步。但是由于明朝的朝政昏暗，官员腐败，驿站更多时候被用来当作官员及其亲属免费旅游的便捷通道。这个事大臣们都知道，皇上却被蒙在鼓里。

崇祯元年（1628年），湖北公安有一个叫毛羽健的人进京赶考，

社会风情

驿递制度

驿递制度始于明朝朱元璋时代。当时，贵州土司、宣慰使霭翠受明政府节制，但实权由夫人奢香掌控。不久，奢香跟贵州都督马烨产生了冲突，奢香就跑到南京告状。朱元璋问："如果我能为你报仇，你拿什么报答我？"奢香说："贵州东北有间道，可通四川，梗塞未治，愿刊山通道，以给驿使往来。"回贵州后，奢香即率众族人开山辟岭，掘土筑路，设九驿，这就是著名的"龙场九驿"。驿递制度即始于此。

中了进士。崇祯皇帝朱由检派他到一个县城去锻炼，毛羽健干得很出色，不久就升了官，被调回京城。

毛羽健官场得意，正是风华正茂的好时候，相对来讲，他还算是个比较正直的“好官”，不过他有一个毛病，就是好色，却又怕老婆。

有一次，毛羽健的老婆温氏回湖北老家探亲，他很少能脱离开老婆的管束，这回老婆不在家，顿时有翻身的感觉。

湖北老家离北京城有将近三千里，老百姓走一个来回得一个多月，毛羽健估计老婆一时半会儿回不来，就偷偷地找了个小妾。这小妾温柔漂亮又会说话，可比温氏那个母老虎招人喜欢，两个人如胶似漆，狠狠地疯狂了几天。

可是就在他们忘情放纵的时候，温氏突然从天而降，竟然把他们两个捉奸在床！温氏把这个小妾打了个半死，又罚毛羽健跪了一天一宿。这毛羽健跪得两腿发颤，就在那儿琢磨，不对劲呀，老婆怎么能这么快就回来了呢？

想来想去，他忽然明白了，是驿站！老婆一定是借助驿站的便利才“提速”的，这可恶的驿站！

野史秘闻

花钱求速死

《红楼梦》里说女强人王熙凤：“机关算尽太聪明，反误了卿卿性命。”所以古人强调，凡事要顺其自然。明末，高钦舜和张养被判处死刑，临刑前，高让家人向刽子手行贿，请求痛快点死。刽子手如其所愿，痛痛快快砍了高的脑袋，就在这时，皇帝“刀下留人”的圣旨来了，一旁绑着的张养得以从鬼门关活了回来，高钦舜却丢了性命。

毛羽健不敢对老婆如何，但他总得找个撒气的地方，就只有驿站了。等他上了朝，就递上一份奏折，说现在的驿站对国家没有什么用处，反而劳民伤财，应该取缔。

朱由检对这条建议采取了慎重态度，毕竟驿站已经存在了很长时间，哪能随便取缔呢？就没有批准。

但是毛羽健不甘心，他有个亲戚叫刘懋，官职比他高，他就找刘懋去诉苦。刘懋很同情这个饱受老婆欺凌的哥们儿，就帮助他向皇帝建议说："取缔驿站有两个好处，一方面可以杜绝某些官员公费旅游占国家的便宜；另一方面，还可以省下驿站的经费和工作人员的工资，去充实前线对抗辽东的女真人，实在是两全其美的好事。"

朱由检正为军费紧张而烦恼，尽管他自己节衣缩食攒下不少银子，却舍不得拿出来当作军饷，如果取缔驿站真能解决大问题，倒也不妨一试。于是朱由检兴高采烈地同意了，先裁掉一批。

全国的驿站因此关了近一半，经费银子是省下不少，但女真人并没有被打败，国内的造反大军却越来越多。数以万计的公务员下岗了，陕西省内的驿站最多，下岗职工也就多，其中就有后

社会风情

明朝的福利政策

明太祖设置养济院，专门收留没有生活出路的人，按月供应粮食。又设置漏泽园安置贫民。全国各府州县建立义冢。又实行养老政策，年满八十以上的人赐给爵禄。又下诏抚恤遭到灾难的士兵和平民。然而就如所有的制度初创时都很美好、天长日久就变了味一样，明初的福利政策到了后来也就荡然无存了。

来大名鼎鼎的闯王李自成！

这份收入还算稳定的工作没有了，李自成不得不考虑生计的问题。俗话说胜者王侯败者贼，老百姓的日子可不如吃皇粮的人滋润，与其被官府剥削死，还不如造反，总有称王称霸的可能。

李自成毅然加入了起义军，成就了闯王的英名，也使存续了二百多年的大明朝，在他的手里覆灭。

向历史借智慧

小事件引发的大后果

历史的幽默正是体现在这里：一些声势浩大的事件，最初可能只是由微不足道的小事引起的，而一些不起眼的小事，却又可能引发极大的后果。明朝的一次裁员事件，影响了一批底层人物的生计，而其中就有一个叫李自成的人，正是他，十几年后葬送了一个王朝。

十面张网的失败

崇祯皇帝朱由检是个倒霉蛋，他刚上任，就要面对辽东后金的强势骑兵不断叩关，不久又出现风起云涌的农民起义军造反，把这个年轻的皇帝搞得焦头烂额。

崇祯十年（公元1637年）三月，朱由检任命杨嗣昌为兵部尚书，把定国安邦的希望都寄托在他身上。

杨嗣昌一上任，就提出了精心策划的“四正六隅十面张网”的计策，以陕西、河南、湖广、凤阳这四个起义军活动的主要地区为四正，以延绥、山西、山东、江南、江西、四川为六隅，各处地方军事力量形成纵横网络，各自剿灭本地的起义军，并相互配合。

为了保障十面张网的效果，他计划在防区内增兵增饷，这就需要对农民加收粮食，对市民收税，这使得造反的人越来越多。杨嗣昌自认为这个计划非常完美，算得上滴水不漏。

杨嗣昌又推荐平定海寇有功的熊文灿，让他当河南、山西、

野史秘闻

张献忠的凶残

明末张献忠在四川开科取士，得了一个姓张的状元，张献忠对他非常宠爱，二十四小时形影不离。这一天张忽然对随从说：“我喜欢这个状元，一刻舍不得他离开，整天牵肠挂肚。不如杀了他吧！”遂杀之。

陕西、湖广、四川和南方地区的军务总理。熊文灿这两把刷子全是吹起来的，他有自知之明，于是一再推托，但杨嗣昌却认为他在谦虚，硬是把这只鸭子赶上了架。

这年十月，杨嗣昌觉得一切已经准备妥当，就向皇帝申请下达围剿令，他决心用三个月的时间，剿灭已经爆发十年的内乱。朱由检听了这个计划万分激动，只恨与杨嗣昌相识太晚。

杨嗣昌安排下去，让五省总督洪承畴专门负责在陕西一带活动的李自成等人，熊文灿专门负责在河南、湖广一带活动的张献忠、罗汝才等人。

迫于三个月平乱的压力，各路明军都积极围剿，李自成被洪承畴打得落花流水，只好让部将分路逃跑。他自己率领三百随从逃到甘肃礼县，与身后的明军只有几十里的距离，当时天色渐黑，明军扎营休息，第二天在岔路口追错了方向，李自成侥幸逃到了川陕边界，与部将会合。

张献忠也被明将左良玉打败，十二月，熊文灿派人招降张献忠，张献忠投降。

杨嗣昌主张斩草要除根，熊文灿却主张以安抚为主，毕竟打

野史秘闻

马屁宋一鸟

湖广巡抚宋一鹤，去参见总督杨嗣昌，因为杨父名鹤，宋为了避其名讳，便在拜帖上把自己的名字写成“宋一鸟”。

仗是个苦差事。到崇祯十一年底，湖南、湖广地区的大部分起义军投降休战，但闯王李自成不肯投降，于是明军集中精锐对付李自成，差点把他灭掉。

但是三个月平定起义军的计划并没有完成。为了持续镇压农民军，杨嗣昌只有再增加对老百姓的赋税，用朱由检的话说“再让老百姓辛苦一下”，这促使民众情绪更加不满。

崇祯十二年四月，杨嗣昌认为招降的局面并不可靠，他决定趁义军不备，悄悄地把他们消灭掉。

杨嗣昌的担心不无道理，张献忠虽然投降，却拒绝接受整编和调遣，也不接受官职，他自己找了一座城池关起门过日子，不断练兵，学习兵法。没等杨嗣昌围剿，张献忠就再次起义。义军投降多是权宜之计，在张献忠的影响下，各路义军也重新扯起反旗。而李自成在逃出重围之后，接受张献忠的资助，又重整旗鼓，顽强抵抗。大明的天下又乱成了一锅粥。

熊文灿看到这样的局面，生怕朝廷降罪，就命令左良玉追剿。左良玉率明军进山，却中了张献忠的埋伏，吃了败仗。

朱由检得知后大怒，把熊文灿革职查办，杨嗣昌只好亲自到

名臣风骨

孝子杨嗣昌

杨嗣昌是万历三十八年（1610年）的进士，是个务实的官员。崇祯八年，他的老爹杨鹤死于袁州戍所，正在长城边防的他听到这个消息后立即昏过去。众人又是大声呼喊又是掐人中才把他救转过来，但直到半个月后他才知人事。他知人事后的第一件事就是给崇祯上疏，请求皇上恢复亡父的官衔。最后，他以略带“威胁”的口气说：“如果不如此，不但亡父不能瞑目，臣世世狗马也将不能瞑目。”

前线去指挥围剿。

杨嗣昌从北京走时，崇祯在平台为他饯行，并且送给他一首亲笔书写的诗：盐梅今暂作干城，上将威严细柳营，一扫寇氛从此靖，还期教养遂民生。

杨嗣昌看完这首诗，几乎想哭出来，“盐梅”是调味之品，喻指整治国家所需之贤才。崇祯的意思太明显了，希望他能马到成功。

杨嗣昌心里明白，自己这一调味品是苦的。

二十多天后，他到了襄阳，第二天就在行辕中升帐理事。他的思路很清晰，在各路农民武装中，张献忠是最难对付的。为了全力对付张献忠，杨嗣昌下令：赦免农民军将领罗汝才等人的罪状，唯独张献忠不赦，有擒斩张献忠者，赏银万两。

张献忠立即派人在杨嗣昌的行营衙门中张贴传单，上面写着：“有斩阁部（杨嗣昌）来者，赏银三钱。”

杨嗣昌气得死去活来，三钱银子就想买自己的脑袋，自己也太贱了。虽然他也知道，张献忠的人不可能取了他脑袋，但在这种心理较量中，杨嗣昌觉得自己吃亏了。

庙堂真相

过穷日子的崇祯

某日，崇祯听讲官给他讲书时，所穿内衣袖子已破损，留在外面很不雅观。于是，崇祯不时把它塞进去遮掩。崇祯又曾把宫中万历时所储藏的上等长白山老参，在集市上卖掉，换回数万两银子贴补国用。有时派人到民间去采买物品，东西买来后，崇祯会仔细地询问每件物品的价格。

张献忠喜欢领着队伍乱跑，用现在的军事术语来讲，这种乱跑的战术就是运动战。大概是他经常被官兵追着跑，所以经历了大江大浪的他跑起来已经游刃有余了。杨嗣昌在襄阳督师的半年时间里，张献忠就领着队伍跑遍了大半个上川。张献忠本以为自己是在耍弄杨嗣昌，谁想到在崇祯十三年二月七日，他被杨嗣昌与大将贺人龙、李国奇在玛瑙山夹击，几乎全军覆没。但杨嗣昌并没有痛打落水狗，张献忠很快就恢复了元气。他从湖广进入四川，如鱼得水，运动战打得很有声色，杨嗣昌跟在后面根本就没有与他交手的机会，杨嗣昌大骂张献忠是胆小鬼。可张献忠觉得杨嗣昌这种追击战有着明显的弱点，他就是要杨嗣昌暴露出这种弱点。

果然，杨嗣昌的弱点暴露了。第一件事就是在崇祯十四年正月，杨嗣昌率领大队人马追击张献忠的时候，李自成在河南突然攻下洛阳，处死了当朝皇帝的亲叔——福王朱常洵。我们对这个人还应该记忆犹新，他在万历断头政治的影响下，险些成为太子，但现在，他成了死人。消息传到宫中，崇祯皇帝痛不欲生，停止上朝三天。

庙堂真相

皇帝家也没了余粮

国事危急，到处缺钱，崇祯皇帝打算清点一下自己的宝库，奇怪的是管理宝库的太监听到传唤，迟迟不肯照办，逼急了就说找不到钥匙了。当最后巨大的宝库被打开，皇帝才发现，室内空空如也，只有一只小红箱，盛着几张早已褪色的收条。

杨嗣昌正在为自己的计划失败导致福王之死而难过时，又一件事发生了。他一直追击的张献忠突然指挥军队出动，飞奔杨嗣昌的督师衙门所在地——襄阳。很快张献忠就攻下襄阳，襄王朱翊铭被杀，然后又被扔到了火里烧成灰。

消息传到京城，崇祯皇帝又是痛不欲生。这个时候的崇祯觉得大限似乎已经来了。崇祯皇帝当时真想问：杨嗣昌在干什么？他自己的督师所在地都被人拿下了，他现在到底在干什么？

杨嗣昌什么都没有干，而是在生病。从崇祯十三年底至十四年年初，杨嗣昌一病不起，已经进入坟墓一半了。崇祯十四年正月初八，行将就木的杨嗣昌给崇祯写了一封信，信中满是悲愤与行将就木的无奈之词。

想当初，他离京之前，就已经和崇祯说过“臣此去当以死报效国家”“臣当以身家性命尽力平寇”等激动的话语。

当崇祯皇帝收到这封信时，才想起了杨嗣昌临行前的话。原来，一切早就已经注定。当年二月初一，杨嗣昌病死于湖北沙市徐家花园，终年五十四岁。

向历史借智慧

不要逆天行事

古时有句俗话：“皇帝轮流做，明年到我家。”其实崇祯时代，大明朝气数已尽，就该趁早腾地方，如果皇帝懂得辞职，天下何须争斗！但做官的总是贪恋权力，皇帝也一样。为了权力，大火来了也不怕，最后只好落得身死名裂国亡。

李自成的十八骑

公元1637年，由于朝廷大力围剿农民起义军，很多义军将领迫于形势，纷纷投降休战。闯王李自成不肯投降，于是成了明军的主攻对象，明军集中精锐部队来围剿他，闯王大军几度崩溃。

六月，李自成集合残存的三千人马，经由阳平关和白水江向四川奔逃。

五省总督洪承畴专门负责围剿李自成。他命令陕西明军追击，四川明军堵截。经过几次激烈交锋，部下死的死，降的降，李自成只剩下一千多人逃进了陕西汉中的深山老林。

李自成在汉中休整了几个月，他不甘心这样没落下去，决定闯出陕西到河南与其他义军会合，潼关是他的必经之地。

洪承畴一直密切关注着李自成的动向，他命令大将曹变蛟追击李自成，又让陕西巡抚孙传庭在潼关南原设下重重埋伏，一只苍蝇也不要放走。

李自成被曹变蛟追击，边打边向潼关逃跑，到了潼关南原，

庙堂真相

闯王李自成

李自成是陕西米脂县人。出生的时候，他父亲梦到一个穿着黄衣的人进了自己家的土窖，他家的土窖连颗烂白菜都没有，所以，他的小名就叫黄娃子。父亲死后，他就到县城里当了驿卒。崇祯皇帝裁员时，李自成下岗。后来带领穷人反抗腐朽的明王朝，他的宣传口号是："盼闯王，迎闯王，闯王来了不纳粮。"还有一个粗俗些的版本："吃他娘，穿他娘，开了城门迎闯王，闯王来了不纳粮。"

明军伏兵四起，李自成带领部下左冲右突，好不容易冲出去，明军倒不追赶了。

但是义军没走多远，前边又是一道埋伏。就这样纠缠厮杀了好几天，每当他们想要休息吃饭的时候，明军就冲出来杀一阵，这些义军又累又饿，连吃饭睡觉的工夫都没有，渐渐体力不支。这时孙传庭命令明军全力进攻，李自成的义军几乎全军覆没。

明军轮番进攻，李自成的妻子儿女都被打散，他也顾不了那么多，只与部下刘宗敏、田见秀等人奋力厮杀，终于杀出一条血路，逃进河南西部的崤函山。

他们拼命奔逃，不知跑了多远，人和马都已经支持不住，这才停下来，纷纷坐在地上。李自成喘息了半天，才抬起头，一一辨认身边这些兄弟。刘宗敏哭着对他说："闯王！十八个人，我们只冲出来十八人啊！"

李自成的儿子李双喜也在其中，他也哭着对李自成说："爹！我娘和妹妹……不知在哪儿呀。"

李自成也万分心痛，但是他想到死去的那些兄弟，也顾不上自家的遭遇，就冲儿子喝道："不要哭，投身到义军之中，早把

野史秘闻

财不空手

明朝末年，内忧外患，朝廷急需饷银。于是，崇祯命令皇亲国戚捐献。周皇后的父亲周奎，富得流油，却连连哭穷。最后，只好由周皇后拿出宫银五千两，让父亲捐出来做个样子。不料，周奎竟截留二千两，拿剩下的三千两捐了。

生死置之度外，这点失败又算什么？‘闯’字大旗还要扯起来！”

为了不被明军发现，十八人昼伏夜出，从崤函山由北向南行进，路上又遇到几十名失散的义军。

“八大王”张献忠投降后在湖北谷城驻扎，李自成知道张献忠不会真心投降，就跑去见他。

果然，张献忠口头上投降以后，既不接受明朝整编，也不帮明军攻打义军，就在谷城关门自立起来。身边有几十个老婆，官府还给他发军饷粮草，他日子过得舒服极了。

李自成带着一群人马进入谷城，张献忠手下有认得他的，就嚷起来：“闯王！是李闯王啊！”周围的人听了都簇拥过来。早有人报告了张献忠，张献忠亲自出来迎接，一见到李自成就高兴地说：“我还想着到哪儿去找你呢，正好你就来了！”

李自成进了张献忠的府里，一看大厅里有一群女孩子正在歌舞弹唱，不免皱了皱眉，因为他生活节俭，一向与士兵同吃同住，对这种“资产阶级”的生活方式很看不惯。

张献忠让那群女孩退下，对李自成说：“大哥就留在谷城与我一起享福吧！咱哥俩联手，肯定天下无敌！不愁没有荣华富贵。”

野史秘闻

没钱进不了牢房

明朝官员们坐牢是要花钱的。明末兵部尚书傅宗龙被朝廷治罪，送入监牢，进监时，每过一门都要给狱吏狱卒交钱，到最后一门时，身上的钱已用完，门卫拦着不让进，傅宗龙没办法，赶紧叫家人送钱来，这才得以顺利坐牢。兵部侍郎谢启光坐牢时，身无分文，交不出钱来，结果被狱吏狠揍了一顿。

李自成不免苦笑一下，说：“咱们不是一路人啊。”

李自成在谷城休息了几天，就带着张献忠送给他的银子和马匹出发了，他要重建自己的队伍。

潼关一战之后，洪承畴再也没有得到李自成的消息，他觉得李自成就是不死也要脱层皮，不可能成什么气候。这时辽东战事吃紧，清军时常叩关犯境，几度打到北京城外，崇祯皇帝朱由检把洪承畴和孙传庭都调去保卫京城，孙传庭托病推辞，被逮捕入狱。这下李自成可轻松多了，他暗下决心要东山再起。

向历史借智慧

不要让成功的概率永远为零

做人一定要有自己的一份事业，然后努力去打拼，努力去坚持，这样才会有守得云开见日出的时候。李自成的事业，就是立起“闯王”这面旗，推翻了腐朽明朝的统治，虽然这可能会失败，也可能会成功，但如果一直做一名驿吏，那他就永远没有这种成功的可能。好比买彩票，一个从来不买彩票的人，那他彩票中奖的概率就只能为零。我们在生活中一定要明白这个道理，要实现零的突破，不要让自己成功的概率永远停留在零上。

张献忠屡降屡叛

自从崇祯皇帝朱由检上台后，全国各地的农民起义就没间断过，大大小小的义军头领有六七十个。

张献忠是佼佼者。

张献忠和李自成是老乡，都是陕西人，他又和李自成同一年出生，几乎同时参加了起义军。张献忠的肝有毛病，所以他脸色蜡黄，身材倒是很高，长了一个老虎的下巴。他曾在延绥镇当过军吏，因为肝火旺盛杀了人。临处斩时，主将陈洪范对他的样貌感到惊奇，于是向总兵官王威请求把他释放了。张献忠于崇祯三年造反，由于阴狠歹毒，大家都叫他“八大王”。

经过几年的经营，到了崇祯十年时，张献忠已经是最炙手可热的造反者之一了。张献忠之所以能发展迅速，就是因为他有个秘密武器——假装投降，翅膀一硬，立即再造反。

崇祯十年十月，朝廷实行“十面张网”政策，大力围剿起义军。张献忠被明将左良玉打败，再次提出投降。

庙堂真相

张献忠灭佛

1644 年，张献忠在成都称大西国王，建立大西政权。部下抓了一个已故宰相的女儿陈氏，张献忠要过来，立为王后。一天，他突然下令说：陈娘娘要做斋事，欢迎和尚们光临，大僧发银十两，小僧发银六两。和尚们听了，都很高兴。为了有资格得到这笔意外之财，有不少人申请紧急剃度，跟和尚商量说，你帮我剃度，得到银子后咱们平半分。到了预定的这天，大小僧人蜂拥来领钱，张献忠下令，每十个僧人捆成一串，全部杀掉。

这已经是张献忠第N次投降了，很多明将对此持怀疑态度。但是俗话说“有钱能使鬼推磨”，张献忠用重金贿赂五省军务总理熊文灿和所有能沾上边的“有关领导”，使他们利令智昏，都对张献忠的忠心深信不疑，还替他申请粮饷。

兵部部长杨嗣昌对张献忠是很了解的，张献忠前几次诈降他都知道，他根本不相信张献忠会洗心革面，重新做人。但是朱由检相信，他已经身心疲惫了，宁愿相信假象。

杨嗣昌就出了一个馊主意，说张献忠既然投降，那就让他去打李自成好了，这样才能考验他对朝廷是否忠诚。朱由检却觉得没有这个必要，他怕搞不好又惹毛了老张。

张献忠拿到了粮饷，就跑到湖北谷城，把门一关，既不接受改编，也不帮着官军围剿义军，只顾大吃大喝，歌舞升平。但他时常让人给他讲解兵法，还招兵买马，操练士兵。

有个叫林明球的官员，想要把张献忠抓起来杀掉，但是被熊文灿“及时”地阻止了。熊文灿同志知足常乐，只要张献忠不闹腾，不出来惹麻烦就好。

但是事实证明，张献忠给他惹了天大的麻烦。崇祯十二年五

社会风情

“南北榜”科场案

明史上发生过一起著名的科场案。洪武三十年（1397年）春，礼部会试，中式进士宋琮等五十一人都是南方人，北方诸生无一人录取。落第诸生纷纷告状，说主考官刘三吾是南方人，有意拔擢其乡人。朱元璋大怒，将另两位考官白蹈信、张信等处死；以刘三吾年老，与宋琮一同戍边。六月，重新录取韩克忠等六十一人，都是北方及陕西、四川一带的人。这就是“春夏榜”科场案，亦称“南北榜”。

月初八，张献忠杀死林明球，揭竿再反。熊文灿赶紧命令左良玉追击，结果左良玉中了张献忠的埋伏，抱头鼠窜逃回来。

张献忠对于熊文灿的庇护并不领情，因为他已经付过钱了。这次起义之前，张献忠特意把接受他贿赂的官员名单贴到了大街上，每个人收多少钱财都写得清清楚楚。

熊文灿真是把肠子都悔青了，直骂张献忠这小子太损！朱由检一怒之下把熊文灿抓进大牢，第二年砍了他的脑袋，左良玉降职三级，戴罪随军。

熊文灿下台，杨嗣昌被朱由检赶到前线来督战，他把大本营设在襄阳。崇祯十四年，张献忠攻破襄阳，抓住襄王朱翊铭，那是朱由检爷爷的兄弟。朱翊铭很识时务，他告诉张献忠，我这院里金银财宝有的是，大王看好了随便拿。

张献忠大笑："你不让拿也不行啊！不过，我还得跟你借一样东西。"

朱翊铭赶紧说："只要大王需要，尽管拿去，什么借不借的。"

张献忠说："我要借你的脑袋，只有这样，才能让杨嗣昌死啊！"说完就命人把朱翊铭砍了。

野史秘闻

朱元璋为什么不用施耐庵

施耐庵与刘伯温是好朋友。朱元璋搜罗人才，刘伯温向朱推荐施，朱即命刘前去探访。当时施刚好写成《水浒传》一书，刘读后，便不再提举荐的事。回去报告朱说："此人心思才力已在一部小说上耗尽，用他已经没有什么益处了。"

在此之前，李自成已经在洛阳杀了朱由检的叔叔朱常洵。得到这些消息，可把杨嗣昌憋屈坏了，他怎么向皇帝交代啊？连气带病，没多久他就一命呜呼了。

张献忠把事做绝了，此后再也没有投降过。

崇祯十七年十一月十六，张献忠在成都称帝，建立大西国。从此，张献忠开始了杀人生涯。

张献忠在四川杀的人太多，以至于记述这段历史的人的手直哆嗦。据说，他在成都杀得昏天黑地后，立了一块碑，写下了自己杀人如麻的理由："天生万物以养人，人无一德以报天，杀杀杀杀杀杀杀！"

大西政权初建时，他对忠顺于他的大西朝廷的文武大臣只有一个字：杀。张献忠经常会向这些人发脾气，谁也不能劝止。无论是宫内男女还是大小官员，只要稍不如意，即处以绞刑、斩首，或凌迟碎骨。

礼部尚书吴继善就是因奉命分配马匹给各军，请示张献忠开列名单，以此细故而触怒了这个变态，最后受酷刑而死。还有位武官，素为张献忠所宠，只因为冬至节祀天，未遵张献忠令读祭文，

社会风情

美女赛足会

明朝的佳节庙会上，一般都要随带举行选美会，不走猫步，不拼才艺，只比脚，美女们围坐在空场上或车中，盖着脸，把脚露出来，旁人就对这些脚品头论足，评出状元、榜眼、探花，得奖的美女由此远近闻名，这又叫"晒（赛）足会"。

后被鞭打至死。还有位官员，因谏张献忠少杀无辜，而被其重刑处死。

从其开国的一千多名大臣到他毙命前，只剩下了二十五人。对此屠戮行径，他居然恬不知耻地说：“我杀你们，实在是救你们，虽杀了你们，可都是出于我的一片爱心。”

对待大臣如此，他对待百姓什么样毋庸赘言。刚入成都时，他吩咐将卒以杀人多少论功，杀人不分是军人还是平民，遇到就杀。

到后来，张献忠达到了“一日不杀人，就闷闷不乐”的地步。他俨然把杀人当成了游戏，一天不玩就缺少点什么似的。

对一件事太精心，就会有所造诣。张献忠后期的杀人行径已经成了一种艺术，他搞出了许多新名堂。比如他派遣部下往各府县四面出击，遇人就杀，叫作“草杀”。

他还在府中养了几十头藏獒，每天集结部下朝会之时，便放出藏獒去嗅那些投降自己的前明官吏，被藏獒嗅到者立即被拉出去砍头。张献忠乐此不疲，称这为“天杀”。

他讨厌读书人，就宣布开科举，将数千四川学子骗到青羊宫，然后全部杀光。杀完这些人后，他跟人家说，自己最近总爱做噩梦。

名臣风骨

专门送客

缪昌期，为人忠直，当东林党人杨涟、左光斗被魏忠贤排挤出京时，其他官员无一人为杨、左饯行，只有缪慨然送两位出都门。魏忠贤因此恨透了缪，后得知内阁要重用缪时，魏派人威胁说：“你们难道要留住缪昌期专门送客吗？”

别人以为他要少杀点人了呢，谁知他却反问道：是不是我杀人不够多啊？

那就杀吧！

张献忠大概这样想的，就搞了一次集体屠杀。他先撒谎说某路敌军将到，须操练兵马，实际上为了集结军队进行集体屠杀。然后他召集将领们，告诉他们，老百姓想要暴动，我们应该剿灭全城。

第二天，军队驱赶着老百姓全部出城，屠杀整整持续了一天，当残阳如血时，还有一年就要毙命的张献忠在高处看着尸体哈哈大笑。

据说，当军队开始屠杀时，晴空突然响了三声雷。张献忠怒斥苍天道："你放我到人间来杀人，今天为什么用雷来吓我？"随即命令士兵架起大炮，对天空连放三炮。

接着，他把屠杀对象转移到了自己军队身上来，当然，这些士兵都是他进四川后收留的造反农民。经过严密策划，他连杀了二十万人。没有被杀掉的和正准备要杀的都匆忙逃跑了。

1646 年，大清肃亲王豪格和吴三桂率清军由陕南入川，攻打

野史秘闻

太监诈钱

云南有个富翁，不幸长了癞，镇守太监钱能找来富翁子，宣布："你老爸的癞是有传染性的，如果传染给军队就不好了，所以我做主，把他沉入滇池。"富翁之子是个孝子，一听吓坏了，立刻掏了一大笔钱，反复求情，终于得到了谅解。又有一姓王的人家卖槟榔，人称"槟榔王家"。钱能听说后，逮捕卖槟榔的人，说："你一介草民，竟敢称两字王！想造反吗？"槟榔王家只好献出所有的财产。

张献忠的大西军。第二年，张献忠撤离成都，北上与清军作战。临走时他还下令屠城，并将全城放火烧得干干净净。

同年十一月，大西军被清军包围。当时张献忠正忙着在西充屠城，匆忙出城迎战，清将雅布兰在乱军中看到张献忠，一箭射去，张献忠当场毙命，结束了他罪恶的一生。

向历史借智慧

相信只是成交的意思

有人说朝廷相信屡降屡叛的人，实在是太愚蠢。其实这并不是相信与否的问题，朝廷之所以接受这样的人投降，是因为自己没有必胜的把握，宁愿为了短暂的安宁而达成一次交易罢了。当别人说"我相信你"，意思就是说我们成交。

崇祯选宰相

崇祯皇帝朱由检，十八岁接下“木匠哥哥”朱由校的班，这时明朝已经病入膏肓。

朱由检暗下决心，要重振大明国威。但是在历代昏君奸党的淫乱之下，正直而有才能的人都身遭不幸，奸臣贼子们鸡犬升天，看透世事的人都不愿再为朝廷卖命了。于是天下之大，竟然找不出一位合格的宰相。

朱由检刚上任的时候，内阁里的大臣都是大太监魏忠贤的党羽。朱由检决定换换班组，他让大臣们推荐十名候选人，再采用抓阄的办法来决定。

朱由检把写好名字的十个纸条放进一只金瓶里，第一次抓出了四个人，分别是钱龙锡、李标、来宗道和杨景辰。朱由检觉得不太满意，又抓了一次，这次抓出两个人，是周道登和刘鸿训。

周道登在面见朱由检时，提出他的三条建议：一是坚持祖宗定下的方针路线，二是以主持公正为原则，三是以注重实效为行

庙堂真相

朱家是个暴发户

明朝灭亡后，山东曲阜老孔家的人站出来说：整个明朝，天下只有三个大户人家，一是山东我们孔家，二是江西五斗米道的张天师张家，三就是凤阳的朱家（朱元璋）。但江西张家，道士气太重；凤阳朱家，就是一暴发户。这可真是，人刚一倒台，就被看不起呀。

动标准。朱由检对此十分欣赏，当即任命他为内阁一等大学士。

然而靠抓阄位极人臣的周道登，说出这三条建议之后，就再也没有说过一句有水平的话。

有一次，朱由检读书看到一句话“宰相须用读书人”，就问周道登什么意思。按说这句话是非常简单的，可周道登想了半天，对朱由检说：“等微臣到内阁书房查阅明白，再禀告皇上。”旁边的太监都偷偷笑他，心想你百度一下算了。

过了一段时间，朱由检又问周道登：“最近大臣的奏折上总有‘情面’两个字，情面是指什么？”

周道登这次回答倒快：“情面就是面情的意思。”朱由检差点晕倒。

周道登被人推举上来，主要是因为他为官廉洁，人品老实，老实到一句谎话也不会讲。一天在早朝上，朱由检正和大臣们讨论国事，周道登却溜号走了神，自己在那儿傻笑。朱由检发现了，就问他在笑什么。周道登竟然连打个圆场都不会，呆若木鸡地站在那里一言不发。

就这样过了近一年，朱由检实在无法忍受这个白痴宰相，就

庙堂真相

卖官有道

崇祯皇帝即位之初，礼部郎中路迈，倚仗和大学士周廷儒的弟弟周正仪是儿女亲家，公开明码标价卖官，声称“七千求词林（翰林官）、五千求科（给事中）、三千求道（监察御史）”。东厂想分肥，对该部的行为提出弹劾。路迈没办法，只好同吏部、东厂签了一个三方协议，每次选官，人事任命权仍然归吏部，但吏部须送银二万两给厂监，算是好处均沾。

把他赶回了老家。

这之后朱由检频繁更换内阁辅臣，他当了十七年皇帝，总共换了五十个内阁辅臣，到崇祯十五年五月，魏藻德成为明朝最后一任内阁首辅。

崇祯十七年三月，闯王李自成围攻北京，朱由检紧急筹措军费，向大臣们借钱、募捐。

这些大臣平时都搜刮了不少财产，但是却不愿拿出来给他，再者说，拿多了就涉嫌巨额财产来源不明啊，拿少了皇上还不满意，怎么做都不是。

为了表示自己没钱，他们各出奇招。有的把衣服裤子拿到街上去卖，有的在自家大门上贴上字条“此房出售”，似乎要被皇帝逼得倾家荡产一样。

魏藻德早已看到朱由检的末日，不想拿银子给他打水漂，于是自称为官清廉，没有积蓄，坚决反对朱由检的募捐，朱由检也无可奈何。

三月十九日，李自成攻进北京，朱由检上吊自杀。

农民军大将刘宗敏对明朝官员重刑“追赃”，对每个大臣按

庙堂真相

崇祯五十相

崇祯皇帝刚愎自用，又好猜忌，所以在他手下做官是件很辛苦的事情。他在位十七年，内阁走马灯般地换人，前后共任命过五十位内阁大学士，以至被后世讥讽为“崇祯五十相”。被杀死的首席内阁大学士有二人。他直接下令杀死的总督七人、巡抚十一人，被迫自杀的一人。1639 年，他一次就杀掉文武官员三十六人。

官职高低下达定额，魏藻德是内阁首辅，他的任务是十万两银子。

魏藻德本以为在李自成手下也能混个一官半职，却没想到是这样的待遇。在大刑之下，魏藻德交出几万两银子，但是远没有达到刘宗敏的要求。无奈中他想用美人计来自救，就对刘宗敏说："我有一个女儿貌美如花，愿意献给大人做妾，只求大人放我一条生路。"

刘宗敏把他的女儿奸污之后，扔到兵营里任人轮奸，而魏藻德最终还是被严刑拷打而死。

纵观崇祯这一朝，君躁躁，臣昏昏，怎么能不亡国？

向历史借智慧

敢于承担责任的领导，才是好领导

朱由检一辈子忠奸不辨，有才能的不是被他杀死，就是被逼投敌造反，剩下的要么奸佞，要么无能，直到临死还把责任都推在大臣身上，这种领导早该下台了。只有爱护下属、敢于承担责任的领导，才是好领导。

冲冠一怒为红颜

崇祯十七年（公元1644年）三月，李自成进了北京。

进京后不久，就开始了声势浩大的“追赃”运动，大明朝的官员一个个成了待宰的羔羊，不仅倾家荡产，而且大多都被严刑拷打而死。

当时大明辽东总兵吴三桂在山海关驻守，李自成的谋士李岩建议拉拢吴三桂，李自成采纳了他的建议。

吴三桂的老爹吴襄在北京，李自成就把他找来，让他写了一封信，劝儿子投降，又派明朝降将唐通拿着这封信去招降吴三桂。

李自成虽然想招降吴三桂，但却没有给予足够的重视。没多久，吴老爷子就被李自成的部将刘宗敏捉去拷打追赃。刘宗敏不仅劫财，更要劫色，他听说吴三桂的爱妾陈圆圆美若天仙，就抓去霸占了。吴家的仆人赶紧飞奔去山海关给吴三桂报信。

此前吴三桂接到崇祯皇帝的调令，让他火速发兵保卫京城，但吴三桂心里暗自盘算，农民军的势头那么大，自己去了真能救

庙堂真相

官二代吴三桂

吴三桂（1612—1678）是典型的官二代，老爹吴襄是1622年的武进士，在军中历任都指挥使、都督同知、总兵、中军府都督等高级职务，在辽东拥有一支家族亲军。他的三个舅舅祖大寿、祖大弼、祖大乐都是镇守辽东的重要将领，在吴三桂“冲冠一怒为红颜”之前，他的三个舅舅都已经投降了清军。

得了吗？于是他就放慢速度，边走边瞧。果然，京城四十万禁军不战而降，皇帝上吊自杀，吴三桂更不往前走了。

吴三桂考虑到，大明已经完蛋，而关外的清军势头猛烈，山海关是兵家必争之地，自己早晚要有个决断，是投靠李自成，还是投靠清军？清军是“鞑虏”，为中原老百姓所忌讳，投靠清军必然遭到万人唾骂。李自成虽然也不是汉人（党项羌族），但老百姓都以为他是汉人，投靠他或许还能少挨点骂。

正在吴三桂思考徘徊的时候，使者唐通到了。唐通与吴三桂本是同僚，关系不错，吴三桂对他的到来非常欢迎。唐通告诉吴三桂，自己已经投降了李自成，并且带来他老爹的亲笔信和李自成的礼物——四万两白银。吴三桂一看李自成还算大方，况且老爹在他手里，想要救出老爹也别无选择，就痛快地答应下来。

吴三桂让唐通留在山海关替他处理军务，自己赶紧带上一部分人马往北京进发。一路上遇到从北京逃出来的官员富户，都纷纷哭诉农民军的暴行，吴三桂对新政权的好感顿时削弱了许多。

吴家的仆人也风风火火地跑来，正遇上吴三桂的军队。吴三桂问仆人：“我爹怎么样？”仆人说：“被李自成抓去了。”吴

社会风情

“秦淮八艳”

“秦淮八艳”指明末清初在南京秦淮河畔留下凄婉爱情故事的八位才艺名妓，又称“金陵八艳”。“秦淮八艳”的事迹，最先见于余怀的《板桥杂记》，分别写了顾横波、董小宛、卞玉京、李香君、寇白门、马湘兰等六人。后人又加入柳如是、陈圆圆，合称为“八艳”。

三桂早就料到，于是镇定地说："没事，等我回去就会放出来。"然后他又问："咱家的财产呢？"仆人说："被李自成抄了。"吴三桂也不急躁，说："等我回去就会还给我。"接着又问："陈圆圆呢，她还好吗？"仆人说："她也被李自成的人抢走了。""啊呀呀！"吴三桂怒发冲冠，"大丈夫不能自保家室又如何立世！"陈圆圆到底是何许人也，让吴三桂如此重视？这要从崇祯的老丈人田弘遇说起。田老头有点好色，有一次居然派人跑到江浙一带挑选歌女，秦淮八艳中的一艳"光荣"入选，她就是陈圆圆。

陈圆圆被带到北京后，田弘遇没有私吞，而是把她献给了女婿崇祯，想要为自己博取更多的荣华富贵。但是，崇祯当时被恶化的政事搞得焦头烂额，没有时间理会陈圆圆，后来干脆把陈圆圆退给了田弘遇。

有一天，镇守宁远城的大将吴三桂来田家做客，酒宴上，陈圆圆出来敬酒，吴三桂一下就看上了她。田弘遇是个精明透顶的老头，吴三桂当时是明帝国的中流砥柱，他趁势就把陈圆圆送给了吴三桂。据说，吴三桂向他真诚地起誓，危难之时，他先救老田头，再救国家。

野史秘闻

自有留人处

明末，农民起义风起云涌，宫内太监有不满者，于墙壁题写道："此处不留人，自有留人处。"当李自成攻打北京，崇祯令太监守城。太监们纷纷大声说："那些文武百官做什么吃的？过去你因为官员弹劾，禁止我们携带武器，现在我们有什么办法？"

陈圆圆就这样被吴三桂带回了吴府，成了吴将军的情人。不久，清人骚扰边境，崇祯皇帝急忙让吴三桂回宁远。吴将军临走前对陈圆圆说，等我下次回来，就娶你。

由此可见，吴三桂对陈圆圆那真叫一个痴情！所以听到陈圆圆被人劫了色之后，吴三桂冲冠一怒，立即下令队伍掉头，回山海关。吴三桂虽然有四万精兵，但是还不足以抗衡李自成号称百万的大顺军，他唯一的出路就是跟清军合作。他打算向大清借兵，打跑李自成，然后扶立崇祯皇帝的儿子继承大明皇位。

回到山海关，吴三桂让手下军队全部披麻戴孝，算是提前为性命不保的老爹尽孝了，同时也为崇祯皇帝戴孝，打出为崇祯报仇的旗号，以激起军民对李自成军队的仇恨。

吴三桂又写了两封信，一封给他的老爹吴襄，说："父亲投降贼军，已经不是忠臣，儿子又如何成为孝子？儿今天与父亲断绝关系，今后就算父亲被李自成煮了吃，我也不管了。"吴三桂之所以这样说，正是希望保住父亲的老命，因为他越是在意老头，李自成就越拿老头威胁他，倘若不在意，或许还有条生路。

接着他又给大清摄政王多尔衮写信，希望清军能取道蒙古入

野史秘闻

小说家编故事

李自成攻进紫禁城的那天，崇祯将女儿长平公主的胳膊砍断，然后叹息一声说："你怎么就投胎到老朱家呢？"小说家金庸根据这段故事，把长平公主演绎成一代女侠"独臂神尼"。

关，与他一起夹攻李自成，消灭流寇，以报国恨家仇。

大清图谋中原已久，曾经付出惨重代价却一直没能在关内站住脚，反而让农民军抢了风头，现在有人主动邀请他们入关，真是天赐良机！

多尔衮看到吴三桂的信，心里非常兴奋，却将信将疑，因为皇太极在世的时候，曾多次想招降吴三桂，都被吴三桂拒绝。现在吴三桂来借兵，又让他取道蒙古而不是走山海关，怕是有什么阴谋诡计。但他不想错失这次机会，就率领清军向山海关进发，想要弄个明白。

向历史借智慧

纪律决定高度

作为个人来讲，素质会决定他的高度；作为集体来讲，素质无法保证，就只能靠纪律了。没有纪律的队伍，能过把瘾就死已经很幸运了。李自成的北漂失败来得这么快，教训很沉重。

山海关之战

崇祯十七年（公元1644年）四月，原大明驻辽东总兵吴三桂，因为被李自成政权囚父夺妻，与李自成撕破脸皮，他向大清摄政王多尔衮求助，要借清军帮他打进北京报仇雪恨。

坐在北京城皇宫里的李自成得到消息，非常惊讶，因为激怒吴三桂的那些事都是部下刘宗敏干的，他还不太清楚。等李自成调查清楚之后，愤怒地要杀刘宗敏，但是却被农民兄弟拦住了。李自成很无奈，他已经无法掌控这支变了质的农民军。

四月十三日这天，李自成亲自挂帅，带领十万大顺军去讨伐吴三桂。

吴三桂知道自己不是李自成的对手。所以，他想到了清军。他给多尔衮写信，不过是站在明国的立场，以明臣的名义，请北朝（清）出兵攻打北京，为明朝皇帝报仇，杀尽乱民。当清军答应了他的要求后，他又规定了清军的入边路线，要求清军只从喜峰口、龙井关、墙子岭、密云等处进入明境。意为让其从中协、

庙堂真相

清军入关路线图

1629年，皇太极率大军亲征，经由热河进军，突破长城，兵围北京，这次的最大收获是成功施用反间计，使崇祯帝杀掉名将袁崇焕。1632年，皇太极率军由蒙古草原进军，兵抵张家口北面，“列营四十里”，炫耀兵威，迫使明守将缔约讲和。1636年，皇太极命阿济格统率大军，破居庸关，直捣河北。1638年，多尔衮等再入关，攻下一府三州五十七县，包括山东省会济南在内。1644年，吴三桂把山海关大门打开，清军进来，从此长居关内。

西协南下包围京城。同时，他又提出报偿，那就是关外所有的土地都归清朝。

清军拿到了他的入边路线图后，几乎想吐血。因为这两条路线都是他们曾经来去自如的路线，山海关这一条路，吴三桂似乎忘了。况且，现在关外的土地本就是他们大清的了，还用你来给吗？就在他们开始交涉之时，李自成已经率领他的主力十万大军出北京直奔山海关来了。清军也集结兵力蠢蠢欲动。

四月二十一日，李自成率军来到山海关外，他还想争取吴三桂投降，押出吴三桂的老爹来要挟他，但吴三桂知道就算投降也没什么好结果，他冲城下喊道："当年项羽要烹煮刘邦的父亲，刘邦还要分一杯羹，刘邦能做到的，我吴三桂也能。爹爹呀！儿对不起你了！"

李自成见吴三桂不买账，就下令猛攻，双方在山海关内的西罗城附近展开激战。

多尔衮的清军同一天也到达了山海关外，但他把军队驻扎在离山海关六十里的地方，并不与吴三桂会合，他还要再观察一下：第一要确认吴三桂不是跟李自成合伙搞他，第二他要迫使吴三桂

社会风情

努尔哈赤创满文

很久以来，女真人只有语言而没有文字，到努尔哈赤时，仍然是借用蒙文和汉文。还出现了这种怪现象：女真人讲女真语，写蒙古文。这种怪现象非常不利于政令的通行，尤其是在战争时期，经常贻误战机。于是，努尔哈赤为了方便交流，就命人用蒙古字母拼写满语，创制了满文。

向大清投降，第三他想在那两方打得疲惫不堪时，再一举取胜。

李自成从东、北、西三面合攻山海关，吴三桂渐渐招架不住。本来他是请清军取道蒙古入关，与他夹击李自成，但是多尔衮直接奔山海关来了，眼下这种形势，他也顾不上许多。第二天早上，吴三桂率领一支人马跑到多尔衮的大营，一见到多尔衮就给他跪下了，请求多尔衮马上进入山海关。但多尔衮却质问他说："你既然请我军支援，为何向我这边开炮呢？"

吴三桂连忙解释："我哪能向清军开炮呢？我以为是李自成的军队把我包围了，才向城外开炮的，请王爷千万相信我呀！"

多尔衮听了总算相信了，但是他又说："是这样我也不怪你。不过你还没有盟誓，我怎能轻易相信你的诚意呢？再说我大清军队开过去，分不清你和李自成的军队，难免会有所误伤。为了表示你真心投靠我大清，你和军兵们都剃头束发就好了，你看如何？"

吴三桂知道，多尔衮并不是怕什么误伤，纯属逼他投降，想用剃头这个形势把他约束住。吴三桂把心一横，反正也没有别的路可走，剃就剃吧。于是急忙按照大清的规矩，杀黑牛，斩白马，对天发誓，饮血为盟，闭着眼睛把半拉脑袋剃光了。

庙堂真相

皇太极定国号

皇太极改国号为"大清"是有一定的寓意的。明朝皇室姓朱，国号明，"朱""明"两个字都含有"火"的意思。五行相克，"火"克"金"，对金不利，所以改"金"为"清"，改"女真"为"满洲"。这样一来，汉字的"清"及"满洲"等字，都是以"水"为偏旁，而"水"正好克"火"，大吉。

多尔衮看吴三桂剃了头，同意马上发兵，吴三桂回去后，也让军兵们把头剃了，来不及的就以白衣做标志，作为与李自成军队的区别。

李自成还没意识到清军已经参战，仍然按照原计划攻城，而多尔衮派出四万骑兵，等到那两方都要精疲力竭的时候，分两路突袭大顺军。大顺军猝不及防，在此之前他们从没有跟大清“鞑子”交过手，一时间伤亡惨重。

双方打到下午，李自成看出无法取胜，只好下令撤退，而清军却紧追不舍，李自成一怒之下，把吴三桂的老爹杀死了。

四月二十六日，李自成撤回北京，二十九日，李自成匆忙登基称帝，第二天就丢弃了北京城，仓皇逃走。做了四十二天皇帝的李自成，终于还是失败了。真正胜利的只有满族人，他们进了北京后，就再也不想走了。从此，一个满族统治的朝代开始了，它就是清朝。

向历史借智慧

打江山易，守江山难！

自古有“飞鸟尽，良弓藏；狡兔死，走狗烹”的悲剧，就是因为有些人很容易共苦，却不善于同甘。尤其是有功劳有苦劳的哥们，如果没有早已形成的原则和理智，让他们守好江山很难。明智的臣子懂得谦慎恬退，高明的君主善于防微杜渐。更重要的是，人民才是国家的主人，历史上所有的江山易帜，都跟背离了人民息息相关。

图书在版编目（CIP）数据

一口气读懂中国史／将进酒·黄 著．—北京：东方出版社，2020.1
ISBN 978-7-5207-1206-4

I．①一… II．①将… III．①中国历史－古代史－青少年读物
IV．① K220.9

中国版本图书馆 CIP 数据核字（2019）第 198578 号

一口气读懂中国史·明朝故事
(YIKOUQI DUDONG ZHONGGUOSHI · MINGCHAO GUSHI)

作　　者：将进酒·黄
责任编辑：辛春来
出　　版：东方出版社
发　　行：人民东方出版传媒有限公司
地　　址：北京市朝阳区西坝河北里 51 号
邮　　编：100028
印　　刷：三河市嘉科万达彩色印刷有限公司
版　　次：2020 年 1 月第 1 版
印　　次：2020 年 1 月第 1 次印刷
印　　张：70（全 10 册）
开　　本：880 毫米 ×1230 毫米　1/32
字　　数：1570 千字（全 10 册）
书　　号：ISBN 978-7-5207-1206-4
定　　价：268.00 元（全 10 册）
发行电话：(010) 85924663　85924644　85924641

学习笔记

学习笔记